斉藤謡子

私の好きな10の服

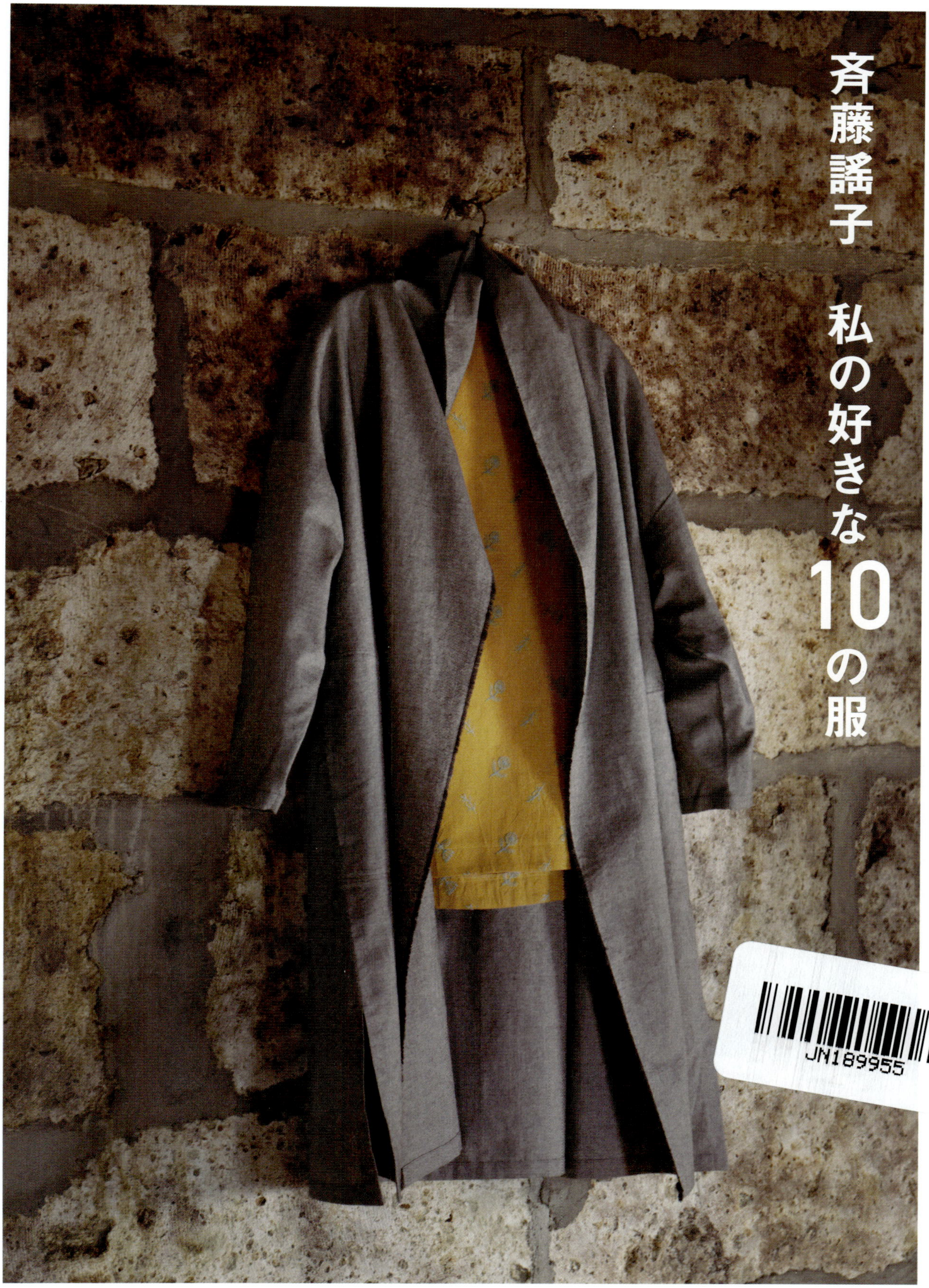

CONTENTS

あいさつ

　これまで単行本や雑誌で、さまざまな洋服を作ってきました。年齢を重ね、体形も好みもかわってきたように思いますが、過去の作品を振り返ってみると、意外と自分の好きなものはかわっていないことに気づきます。今回は、これまで紹介してきたデザインの中から、何度もリピートしているアイテムや、少しずつ改良を重ねて自分好みに調整してきたデザインをセレクト。さらに、欲しかったアイテムを加え、できるだけ多くの方に対応できるよう、Sサイズのパターンも追加して一冊にまとめました。

　私のデザインのコンセプトは「作るのも、着るのもらくで、なるべく体形を隠してくれるもの」。本書では、私の好きな布地で作っていますが、布地をかえれば雰囲気もかわります。ご自身の好きな布地で、たくさん作って、たくさん着ていただけるとうれしいです。

斉藤謠子

Yoko Saito

01

» how to make p.52

ボトルネックブラウス

えりつきのシャツも、タートルネックも苦手。でも、首回りはカバーしたい。
というわけで、少しだけえりぐりを立ち上げました。締めつけ感もなく、首元がすっきり見えます。

A ネイビー――ネイビーの無地に白糸でステッチをきかせました。洋服はネイビーがいちばん好きな色です。

ループとボタンで留めた後ろの
スラッシュあきで、脱ぎ着がらくに。

B マスタード――えりぐりの幅が大きい独特のシルエットが特徴。明るめの刺しゅう布で作ればキュートな印象に。

02

» how to make p.49

ヘンリーネックシャツ

ラウンドネックの前中央に短冊あきを作り、ボタンで留めるヘンリーネックは、一度作ってみたかったデザインです。ボタンがアクセントになるのが気に入っています。

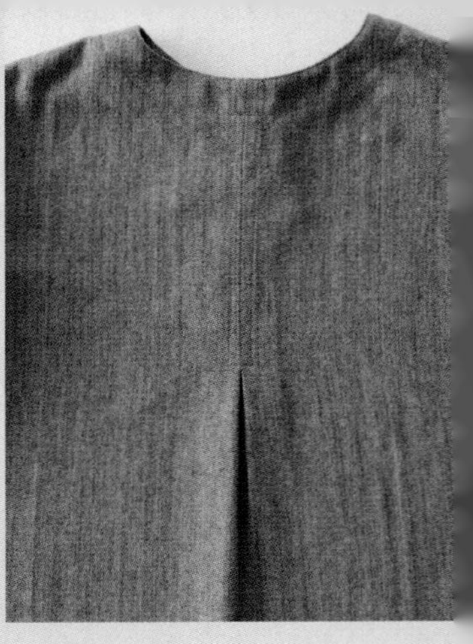

後ろ身ごろにタックを入れて、
ゆったりした着心地に。

A ショート丈――起毛の木綿地で作ったショート丈は、パンツにもスカートにも合わせやすい1枚です。

B ロング丈——ソフトデニムを使い、ヒップが隠れる長めの着丈に。スリットを入れ、わきポケットをつけました。

03

» how to make p.54

前あきブラウス

前あきブラウスは「02ヘンリーネックシャツ」と同様、
後ろ身ごろにタックを入れたワイドな身幅が魅力。はおりものとしても活躍します。

A ブラウス丈——小花の刺しゅうがかわいいブラウス丈。後ろ身ごろを長めにして、ヒップをカバー。
胸元には大きめのパッチポケットをつけました。

B チュニック丈——リネンのチュニック丈は、着るほどにくたっとした落ち感が出て、スマートに見える気がします。
便利なわきポケットつき。

04

» how to make p.60

Tシャツ風ブラウス

ストレートなシルエットとゆったりした着心地がお気に入り。これまで何着も作っては、えりぐりのあき加減や、着丈、そで丈などの微調整を繰り返し、ブラッシュアップしています。

A 半そで——前身ごろと左そでは布地の表面を、後ろ身ごろと右そでは裏面を表にして作りました。
布地には表と裏がありますが、どちらを表にするかは好みでいいと思っています。

B 長そで——長そでは、仕事の邪魔にならないようにいつも八分《ぶ》丈程度にしています。
ポケットにはまちをつけて立体的にしました。

05

» how to make p.62

パンツ

また上が深く、腰回りに余裕のあるゴムウエストで、くるぶし丈が私のパンツの定番デザイン。
今回はストレートを基本にし、パンツ幅をかえて3種類を作りました。

A ストレート――無地の服が多いので、コーディネートのアクセントになるように柄布で作りました。お気に入りはワニ柄です。

Bスリム———ストレートのすそを細くしたテーパード風のスリムパンツ。ゆったりしているのにすっきり見える1本です。

C ワイド(ショート丈)———ワイドパンツは風を通して涼しいので夏におすすめですが、
今回は秋冬用にベロア生地で作りました。

06

» how to make p.64

Vネックワンピース

前中央にタックを入れたVネックのワンピース。たっぷりの身幅ですが、スマートに見えてきちんと感もあるので、重宝しています。フォーマルな席にも着られるよう、黒で作りました。

05-C ワイド(ロング丈)——ワンピースと同じ布で作ったワイドパンツ。
ワンピースとセットアップにする場合は、フルレングスのロング丈がおすすめです。

» how to make p.62

07

» how to make p.57

ロングカーディガン

季節のかわり目にあると便利なはおりもの。以前作ったパターンより、ショールカラーのボリュームを減らしました。
前端は布地のみみを利用すると縫い代の始末を省略できます。

Aコットン――肌ざわりのよいコットンなら、春先から使えて夏の冷房対策にもぴったり。

B ウールガーゼ――コートの下にも着られる薄くて軽いウールガーゼなら、秋～冬のお役立ちアイテムに。

08

» how to make p.66

ジップアップパーカー

今回はかつてのデザインにファスナーをつけて、ユニセックスで使えるアウターにしました。
わきポケットは袋状ですが、内側でもたつかないように前身ごろに縫い留めています。

Aショート丈——年齢問わず着られるベージュのパーカーは、雨の日にも使えるようナイロン地で作りました。

B ロング丈——丈夫で保温性が高く、風を通しにくい「馬《ば》布《ふ》」を使ったロング丈。アウトドアシーンでも活躍しそう。

09

» how to make p.69

ヌビ

以前から使ってみたかった、韓国の伝統的なキルティング生地「ヌビ」で、ジャケットとベストを作りました。冬の屋内外で活躍する必須アイテムになりそうです。

Aジャケット――ジャケットには小さなスタンドカラーをつけ、ボタンはヨーヨーキルトで手作りしています。

Bベスト——Aのジャケットのえりとそでを省略しました。A・Bともポケット口は玉縁にしてアクセントに。

10

» how to make p.72

かっぽう着

かっぽう着は私の仕事着。服に糸くずがつかないように、仕事中はいつも着ています。
そのまま外出もできるよう、スマホや財布が入る大きめのパッチポケットをつけました。

Aパッチワーク——糸くずを見つけやすいように身ごろは黒で、そではパッチワークにしています。

Bストライプ——Aと同じデザインですが、そでは一枚布で作りました。
体形がかわってもいいように、後ろはリボンを結ぶ仕様です。

11

» how to make p.74

ナイロンバッグ

シンプルなナイロンバッグに、４つの外ポケットをつけました。
そのうち２つのまちつきポケットには、ペットボトルを２本入れて、苦手な夏を乗り切ります。

反対側はシンプルなパッチポケット(写真下)。スマートフォンや長財布がすっぽり入ります。

12

» how to make p.76

2wayバッグ

軽くて丈夫なナイロン生地のバッグは、持ち手とショルダーひもをつけて2wayに。明るい青の上糸でステッチを入れてアクセントにしています。両サイドには、ペットボトルや折りたたみ傘を入れるのにちょうどよい、深めのポケットをつけました。

13

» how to make p.78

バケツバッグ

プリンのような形のバッグを作ってみたいと思っていました。手に持ったときのシルエットがきれいな円筒形になるのがポイントです。本体表布の柄に使われている色と同じ赤の持ち手をつけました。

Coordinate for one day

04 p.12 -A

\+

05 p.14 -A

03 p.10 -A
+
05 p.15 -B
+
07 p.18 -A

06 p.16
+
07 p.19 -B

01 p.6 -A
+
05 p.15 -B
+
09 p.23 -B

＊パンツは **05-B** の色違い。

02 p.9 -B
+
05 p.14 -A
+
08 p.21 -B

私のコーディネート

私のコーディネートの基本は、同系色でまとめること。
トップスを決めてから、ボトムスを選び、アクセサリーなどの小物を合わせていきます。

着用作品

02 p.8 -A
\+
05 p.15 -C

ベージュのシャツとダークブラウンのワイドパンツに、ダークなオレンジ色のブローチをプラス。
同系色でまとめると失敗がありません。

●作品以外はすべて私物。

着用作品

02 p.9 -B

+

05 p.15 -B

スマートに見えるよう、つい濃い色めを選びがちですが、大好きな上下ネイビーの組み合わせは、どちらか一方を柄ものやデニムにすれば、バランスよく着られます。

＊パンツは 05-B の色違い。

着用作品

08 p.20 -A

とにかくフードつきの服が大好き。カジュアルな装いには欠かせません。明るい色めのパーカー on パーカーに、カーキのパンツでメリハリをつけました。

着用作品

02 p.8-A

＋

08 p.21-B

ロング丈のアウターには、ワイドパンツが合うと思います。
トップスとボトムスをベージュ系で合わせ、アウターのカーキで全体を引き締めます。

着用作品

03 p.11 -B

\+

13 p.27

チャコールブラウン×ベージュの組み合わせに、赤い持ち手のバッグをさし色に加えました。着丈の長いものには、長めのペンダントを合わせます。

着用作品

10 p.24 -A

かっぽう着のいちばんの魅力は、すべてを隠してくれること。
部屋着の上にかっぽう着をはおるだけで、来客の対応も、外出もできます。

着用作品

04 p.13 -B

+

05 p.15 -B

このチェック生地は派手すぎないので好き。同系色のスリムパンツを合わせました。着丈の短いブラウスには、短めのペンダントを。

＊パンツは 05-B の色違い。

着用作品

01

p.7-B

華やかな花柄や明るい色めは苦手ですが、
明るすぎないマスタードカラーなら着てみてもいいかも。

着用作品

07 p.19 -B

ロングカーディガンをはおると、縦のラインが強調されてスマートに見えます。アクセサリーは濃い色めに映えるシルバーのペンダントで。

着用作品

09 p.22 -A

ヌビのジャケットは暖かくて丈夫なアウター。
作り方は簡単ではありませんが、一着あると重宝します。

着用作品

05 p.14 -A
+
06 p.16

白いパンツは、柄入りでも合わせやすいので重宝します。黒のワンピースも同じ。組み合わせしだいで個性が出ます。

＊パンツは 05-A の色違い。

着用作品

01 p.6 -A

\+

12 p.27

結局、ネイビーのコーディネートがいちばん好きかも。
アクセントにブローチをつけました。

コーディネートのわき役たち

私のコーディネートに欠かせない、小物たちを紹介します。
どれも愛着のあるものばかり。コーディネートの仕上げはお気に入りのアイテムで。

バッグなどの袋物が好きで、かごもコーディネートに合わせてよく作ります。写真はアメリカ・ナンタケット島に伝わるバスケットで、自分で編んだものです。初めて見たとき、その美しさにひと目ぼれしました。夏の装いにぴったりですね。

マフラーやストールなどの巻き物は、防寒はもちろん、アクセサリーがわりにもなる便利なアイテム。首や肩に巻くだけでコーディネートが決まります。肌ざわりのよい生地やきれいな色の布があると、自分で作ることもあります。

メガネ

視力がかわるたびにメガネを新調しています。若いころから太くて大きなフレームが好きで、サングラスのレンズを透明にかえた伊達《だて》メガネをかけていたことも。人からの視線が私ではなく、メガネに向くようにと願っていたのですが、今ではメガネ＝私になってしまったようです。

アクセサリー

無地の服には、必ずアクセサリーをつけるようにしています。金属製のものではシルバーが好き。トップスの着丈やえりぐりのデザインに合わせて選びます。36ページのペンダントは、キーホルダーに革ひもをつけた自作です。

靴

夏はスニーカー、冬はショートブーツが私の定番。特に厚底のショートブーツが大好きです。くるぶし丈のパンツを着ることが多いので、合わせやすいのもポイント。冬は足首が暖かいので手放せません。

HOW TO MAKE 作り始める前に

- 図中の寸法の単位は「cm（センチメートル）」です。
- 洋服の「裁ち合わせ図」は、本書で使用した布を基準にしています。布幅や柄ゆきがかわると型紙の配置もかわります。図中の縫い代をつけて裁断します。
- 「寸法図」は一部を除いて、縫い代を含まない出来上がり寸法を表記しています。指定の縫い代をつけて裁断します。縫い代込みの場合や縫い代をつけない場合は「裁ち切り」と表記しています。
- 材料から、しつけ糸、ミシン糸を省略しています。ミシン糸の指定以外は、ポリエステルミシン糸60番で布地の色めに近い色の糸を使います。
- ミシンは事前に糸調子をチェックし、実際に縫う布地のはぎれを使って必ず試し縫いをしましょう。
- 特に指定がない場合は、ミシンの縫い始めと縫い終わりに2〜3針返し縫いをします。

サイズについて

- 本書に掲載したかっぽう着以外の洋服はすべてS〜LLのサイズ展開です。下記の適応サイズ表を参照し、トップスとアウターはバスト寸法、パンツはヒップ寸法に合わせてサイズを選びます。各作品の作り方ページに表記した出来上がり寸法も参考にしてください。
- そで丈や着丈、パンツ丈を調整したい場合は、型紙のそで口線、すそ線を平行に移動させて描き直します。手持ちの洋服の寸法を参考にすると、サイズ感がつかみやすいでしょう。

適応サイズ表（ヌード寸法） 単位：cm

サイズ	S	M	L	LL
バスト	86	90	94	100
ヒップ	88	92	96	102

必要な用具

❶パッチワーク用ボード
やすり面と、やすり面に重ねるカバーの柔らかい面があり、本書では折り目つけローラーなどで縫い代を割るときに柔らかい面を使用。裏側の布地面はアイロン台として使用できる。

❷糸通し
手縫い用の針に糸を通すときに使用。

❸文鎮
付録の実物大型紙を型紙用紙などに描き写すとき、型紙の出来上がり線を布に描き写すとき、布の裁断のときなどに、布や型紙がずれないようにおもしとして使う。

❹方眼定規
型紙を型紙用紙などに描き写したり、縫い代寸法を測ったりするために使用。縦、横に線の入った方眼定規が便利。50cm程度の長いものと20cm程度の短いものを用意しておくとよい。

❺目打ち
袋状に縫った角をきれいに整えたりする場合に使う。

❻折り目つけローラー
ナイロン地を使った作品の縫い代を割ったり、折り目をつけたりするときに使用。

❼ストレート歯のルレット（または、へら）
複写紙を使って布に出来上がり線を写したり、折り目をつけたりする場合に使用する。

❽布用印つけペン
型紙を作らずに直接布を裁つ場合の出来上がり線や、縫い代線、三つ折り線、合い印を描くときなどに使用。濃い色の布地用と薄い色の布地用の2色あると便利。

❾はさみ
左から、糸用、紙・接着芯用、布用。この3種類を用意して使い分けると刃が傷みにくく、長持ちする。

❿ひも通し
パンツのウエストや、そで口などにゴムテープを通すときに使用する。

⓫針山（マグネットタイプ）
磁石で針をまとめるタイプの針山。

⓬針
左から、待ち針、手縫い針、しつけ針、ミシン針。ミシン針は布地の厚さによって太さをかえる。本書では、普通地は11番、厚地は14番を使用。

⓭糸
左から、しつけ糸、手縫い糸、ミシン糸。手縫い糸とミシン糸は糸の撚《よ》りの向きが違うので、手縫いのときにミシン糸を使うと糸がねじれやすい。本書では手縫い糸、ミシン糸ともに普通地はポリエステル糸60番を使用。

そのほかに、型紙用紙（ハトロン紙など上に重ねて下の線が透けて見える紙）、鉛筆、マーカーペン、手芸用クリップ、手芸用両面複写紙、指ぬき、アイロン、アイロン台、ミシン、ファスナー押さえなど。

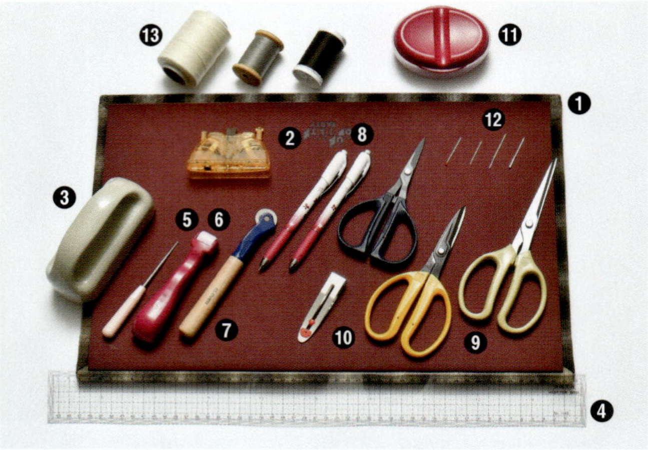

型紙について

付録の実物大型紙には、作品の各パーツを掲載しています(一部の作品を除く)。
各作品の作り方ページには、付録の実物大型紙の掲載面と使用型紙を表記しています。

型紙の線と記号

出来上がり線
型紙の出来上がりを示す線。外回り線。

わ
布地を2つに折りたたんだ折り山を示す線。

見返し線
見返しの外回り線。見返し線と身ごろの外回り線で見返しを作る。

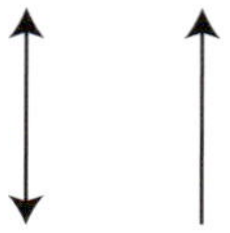

布目線
布のたて方向を示す矢印。布地のみみと平行に合わせる。

合い印
パーツどうしを合わせる位置やポケット口、スリット止まりなどの位置を示す印。

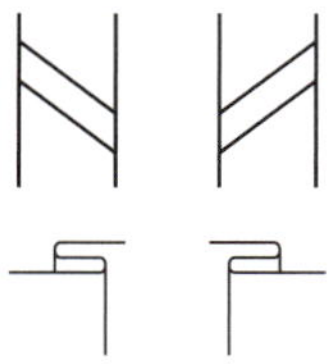

タック線
タックをたたむときの方向を表す線。表側から見て、斜線の高いほうから低いほうへ布をたたむ。

型紙の作り方

付録の実物大型紙の中から、作品に必要なすべてのパーツを型紙用紙などに写し取ります。布目線や合い印も忘れずに写し取りましょう。

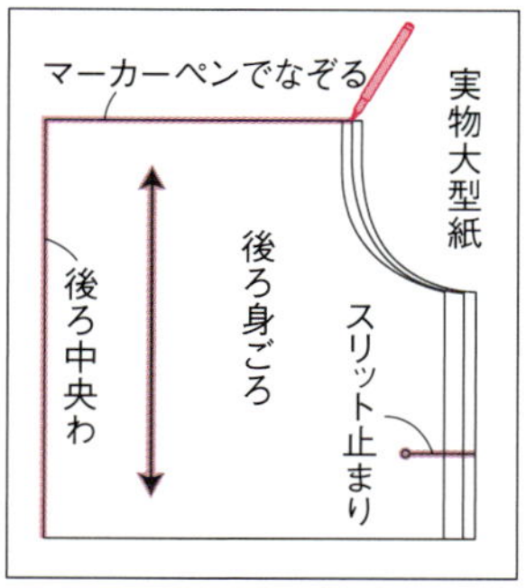

1 実物大型紙はいくつかの作品の線が重なっている場合があるので、写し取る線を間違えないように、写す前に型紙の自分のサイズの出来上がり線や合い印などをマーカーペンなどでなぞっておく。

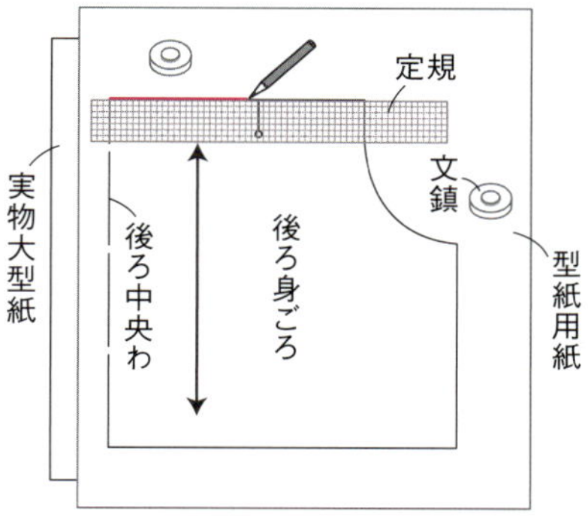

2 **1** の上に型紙用紙(ハトロン紙など下の線が透けて見える紙)を重ね、文鎮などで固定し、必ず定規を当てて線を写す。カーブは短めの定規を使うと写しやすい。布目線は長めに描き、合い印、わの印、ポケットつけ位置、あき止まり位置、タック線なども必ず写し、パーツの名称も書いておく。

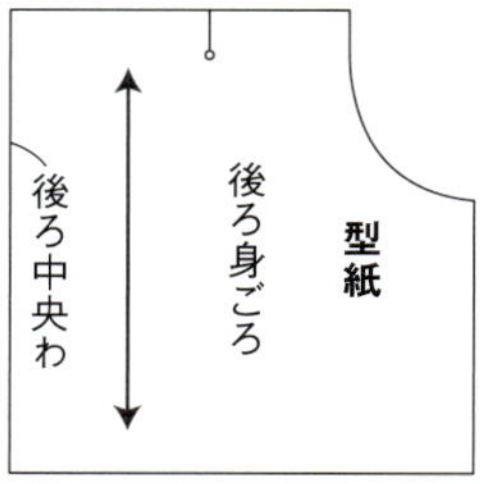

3 型紙用紙に写した線(出来上がり線)でカットする。必要なすべてのパーツの型紙を同様に作る。型紙が出来た。

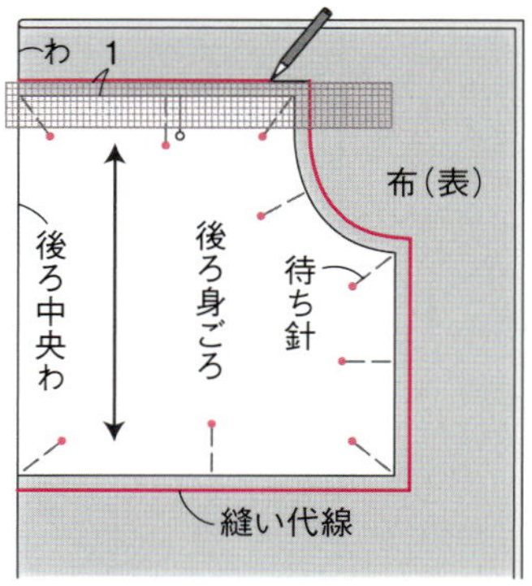

布を裁つときは、各作り方ページを参照し、型紙の周囲に方眼定規を使って指定の縫い代幅の縫い代線を描き(カーブ部分、傾斜のある部分の縫い代のつけ方は48ページ参照)、縫い代線どおりに布を裁断する。

バイアス布の裁ち方 (3.5㎝幅で複数枚裁つ場合)

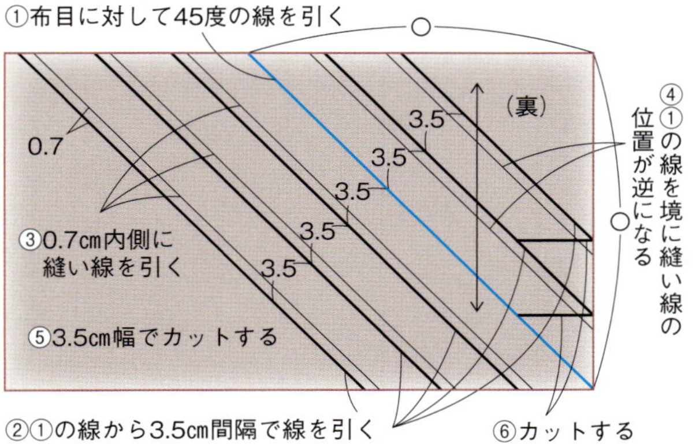

縫い代つき型紙の作り方

付録の実物大型紙には縫い代がついていません。写した型紙の周囲に縫い代をつけて縫い代つきの型紙を作ると、縫い代が不足することなく、正確に布を裁断することができます。

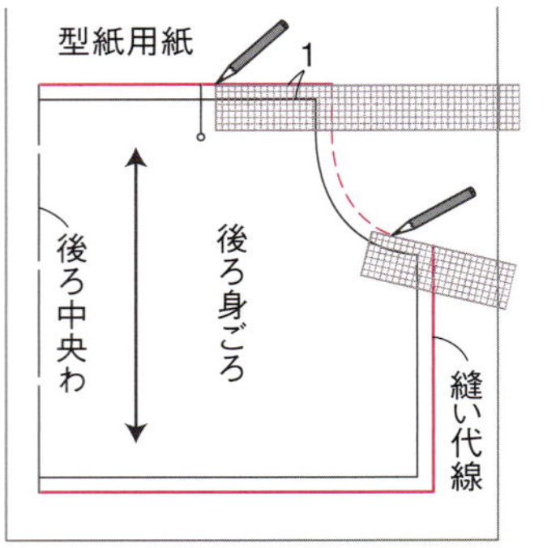

1 47ページ「型紙の作り方」**1**、**2**と同様に付録の実物大型紙を型紙用紙に写す。各作り方ページを参照して写した出来上がり線に、方眼定規を使って指定の縫い代幅で平行に縫い代線を正確に描く。カーブのあるそでぐりやえりぐりなどは、短めの方眼定規をカーブに沿って当てながら細かく点線状に線を描き、点線をなだらかにつなぐ。

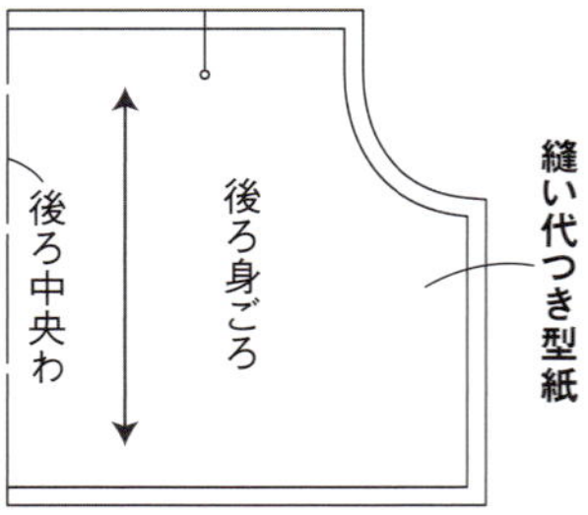

2 **1**で描いた縫い代線どおりに型紙をカットする。縫い代つき型紙が出来た。

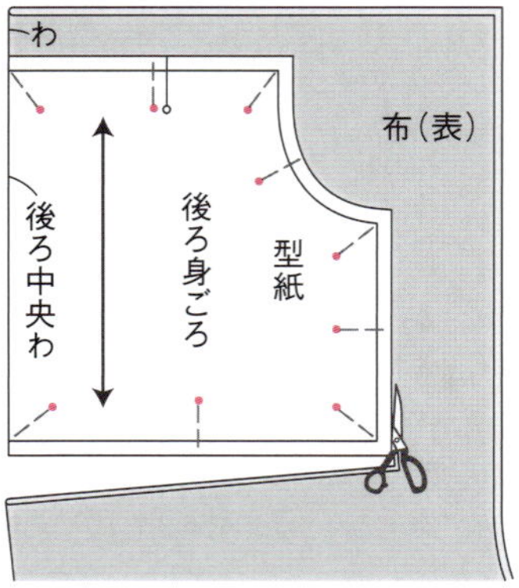

布を裁つときは、型紙に沿って裁つ。

傾斜のある部分(パンツのすそ、そで口)の縫い代のつけ方

細くなったパンツのすそやそで口など、傾斜のある部分は、縫い代を折ったときに布が不足しないように縫い代をつけます。

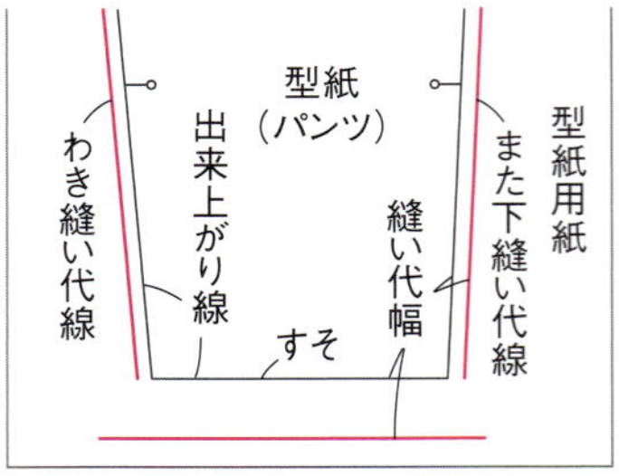

1 すそ以外の縫い代線を先に描き、すその出来上がり線と平行に縫い代幅の線を描く。

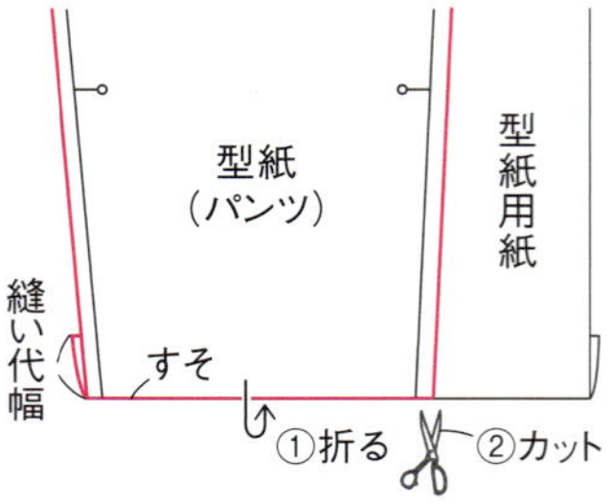

2 すその出来上がり線で型紙用紙を折り(①)、わきとまた下の縫い代線に沿って型紙用紙をカットする(②)。

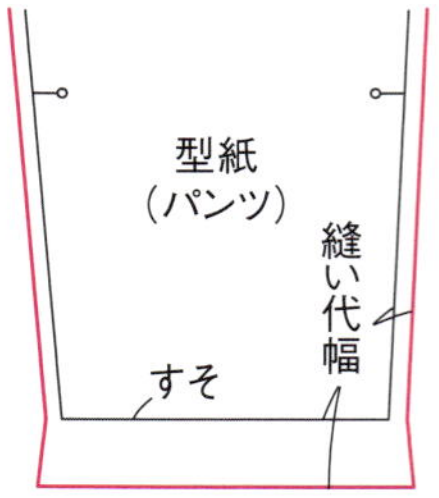

3 折り上げた部分を開く。縫い代つき型紙が出来た。

柄の方向と布目線・柄合わせ

＊裁断前に、布地に柄などの方向があるか確認します。柄に方向がない布の場合は、型紙の上下を気にせず配置しても問題ありませんが、柄に向きがある布の場合は型紙を同じ向きに置いて裁断します。ベロアなど毛並みのある布の場合は逆毛(下から上になでて抵抗感がない向き)になるように型紙を置いて、方向をそろえます。
＊チェックなどの柄合わせを必要とする布地は、その分を考慮して多めに布を用意します。柄合わせは、型紙の前後のすそ線を同じ柄に合わせて配置すると、柄を合わせやすくなります。

印つけ

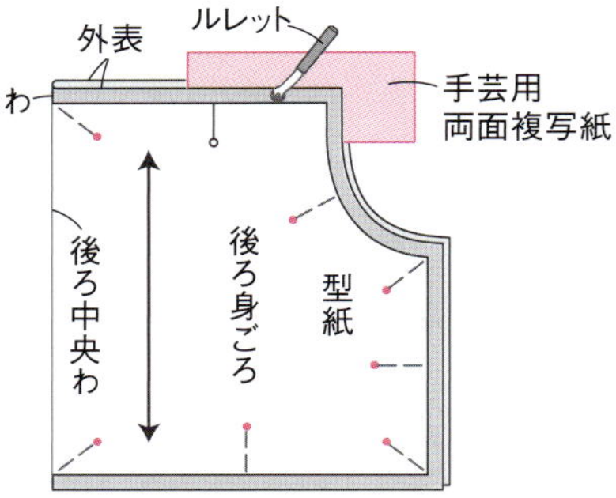

＊出来上がり線の印をつける場合は、外表に合わせた布の間に手芸用両面複写紙をはさみ、出来上がり線をルレット(またはへら)でなぞって印をつけます。ルレットやへらを使う場合は、テーブルや床を傷めないよう、カッターマットやボール紙を布の下に敷いてから作業しましょう。
＊合い印、スリット止まり、縫い止まり、タック位置、ダーツ位置、ボタンつけ位置、ポケットつけ位置などの印は必ずつけましょう。

コの字とじ

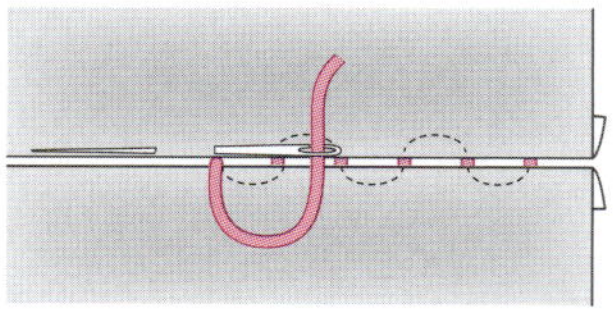

p. 8
型紙 B

02

ヘンリーネックシャツ

Aショート丈
Bロング丈

使用型紙

前身ごろ　後ろ身ごろ　そで　前あき短冊　前見返し　後ろ見返し　袋布（Bのみ）

出来上がり寸法

サイズ		S	M	L	LL
バスト		116	120	124	130
着丈	A	61	62	63	64.5
	B	72	73	74	75.5
そで丈		46.5	47.5	48.5	49.5

材料

A

木綿地（起毛）…110㎝幅　200㎝
ボタン…直径1.5㎝　1個

B

薄手デニム…110㎝幅　220㎝
ボタン…直径1.5㎝　1個

作り方のポイント

Bは**A**の着丈を長くし、わきにポケットをつけ、スリットを入れたデザイン。わきとすそ以外の作り方は**A**と同じ。

下準備

肩・わき・そで下・**B**の袋布のわきの縫い代、前・後ろ見返しの外回りにジグザグミシン（またはロックミシン）をかける。

縫い方順序

1 後ろ中央のタックを縫う
2 肩を縫う
3 えりぐりを縫う
4 前あきを作る
5 そでをつける
6 **A**.そで下～わきを縫う
B.そで下～わきを縫い、ポケットを作る
7 そで口の始末をする
8 **A**.すその始末をする
B.わきスリットとすその始末をする
9 ボタンホールを作り、ボタンをつける

裁ち合わせ図

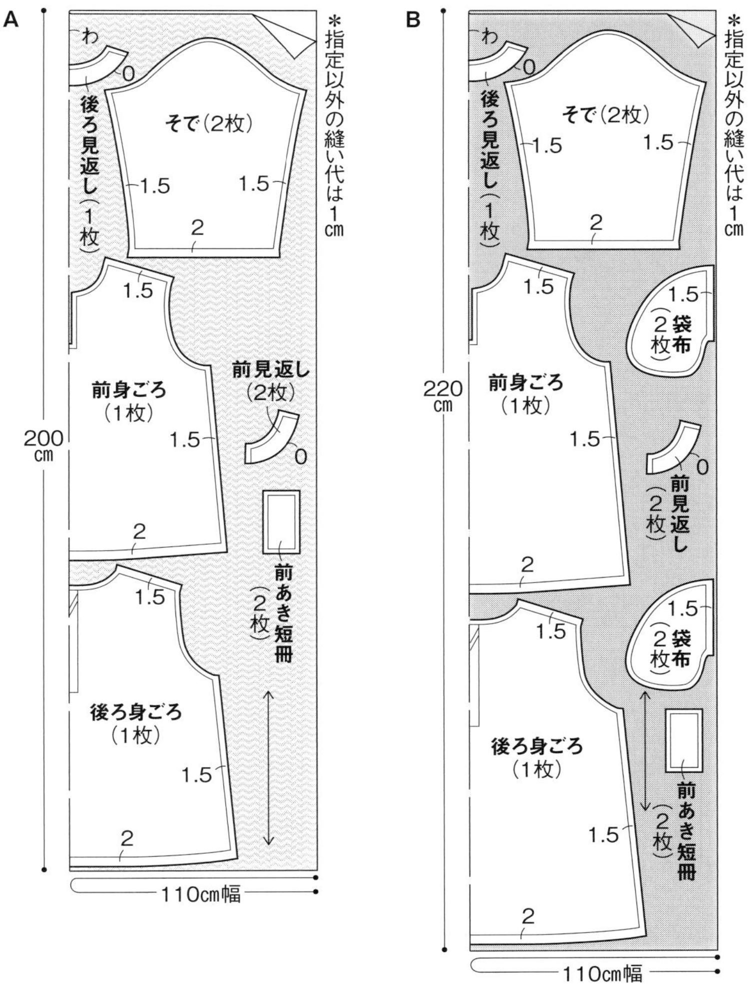

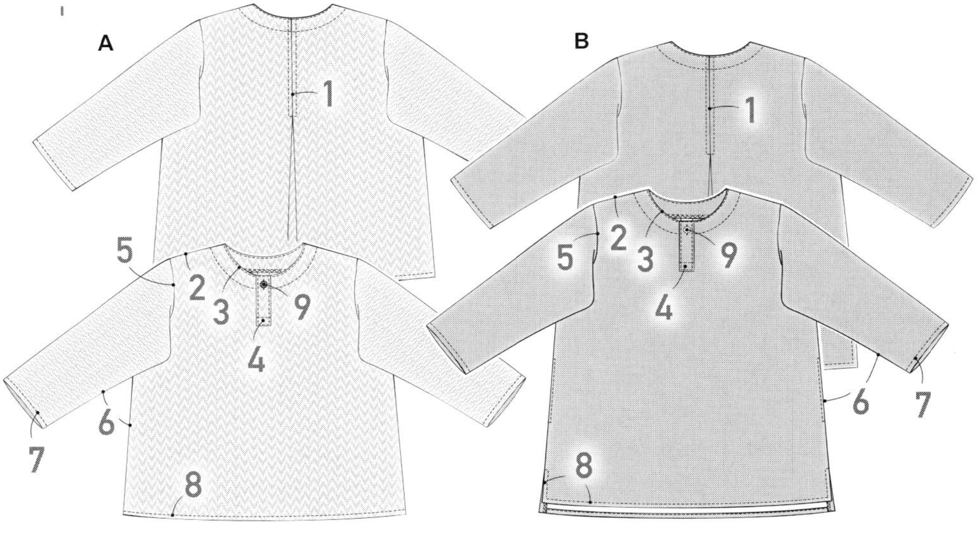

1 後ろ中央のタックを縫う

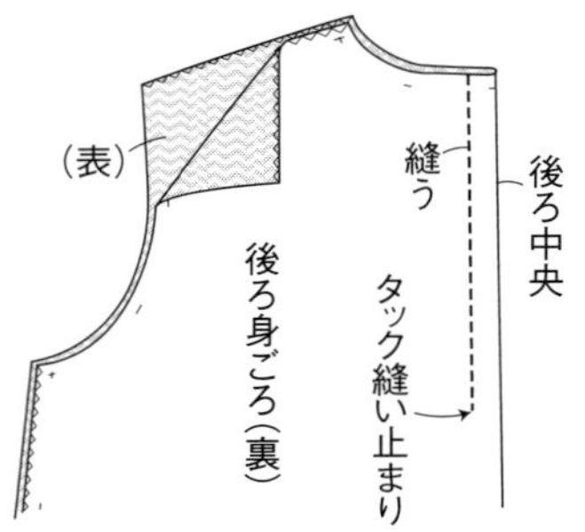

1 後ろ身ごろの後ろ中央のタック分を中表に合わせ、えりぐり端～タック縫い止まりを縫う。

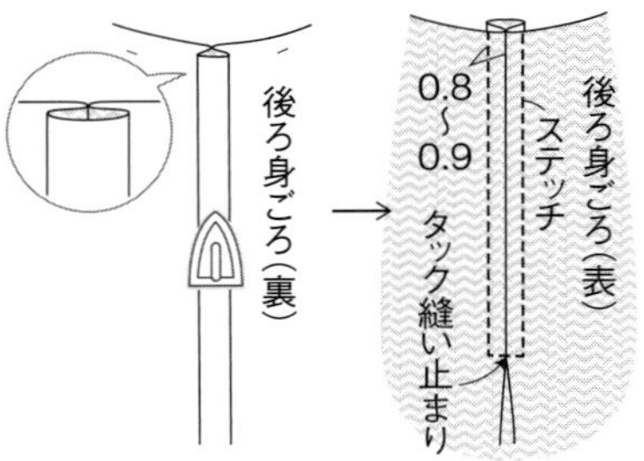

2 タック分を図のようにアイロンで整え、表面からステッチをかける。

2 肩を縫う

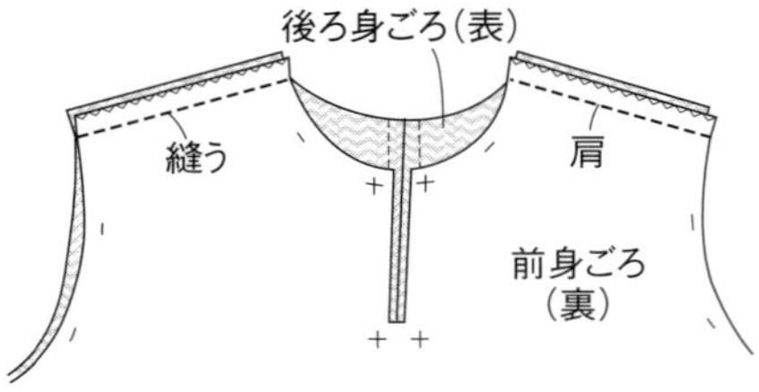

1 前身ごろと後ろ身ごろの肩を中表に合わせて縫う。縫い代はアイロンで割る。

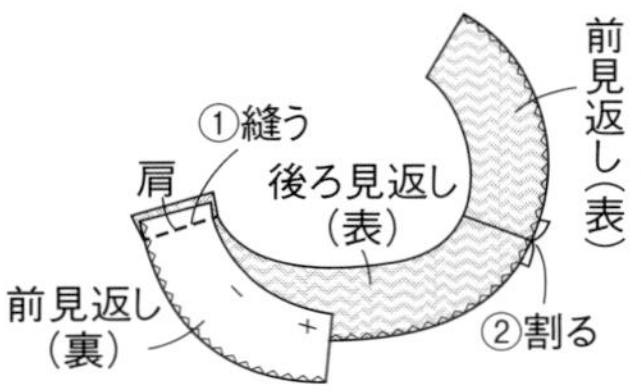

2 前見返しと後ろ見返しの肩を中表に合わせて縫い（①）、縫い代はアイロンで割る（②）。

3 えりぐりを縫う

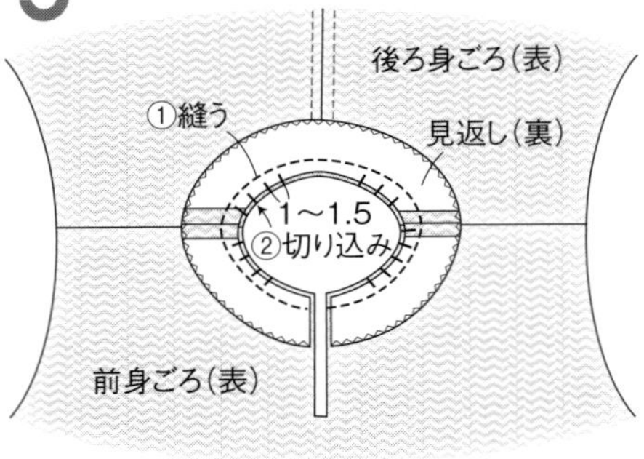

1 身ごろのえりぐりに見返しを中表に合わせて縫う（①）。えりぐりの縫い代のカーブ部分に切り込みを入れる（②）。

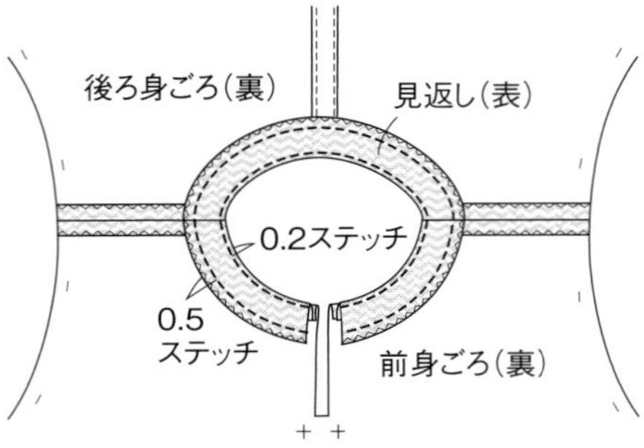

2 見返しを身ごろの裏面に返してえりぐりをアイロンで整え、えりぐりと見返し端にステッチをかける。

4 前あきを作る

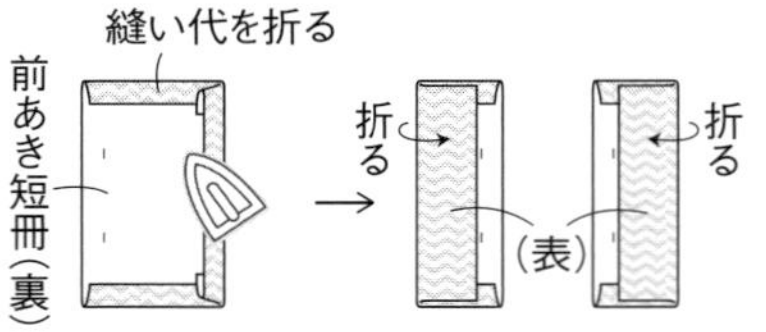

1 前あき短冊２枚を図のようにアイロンで折る。

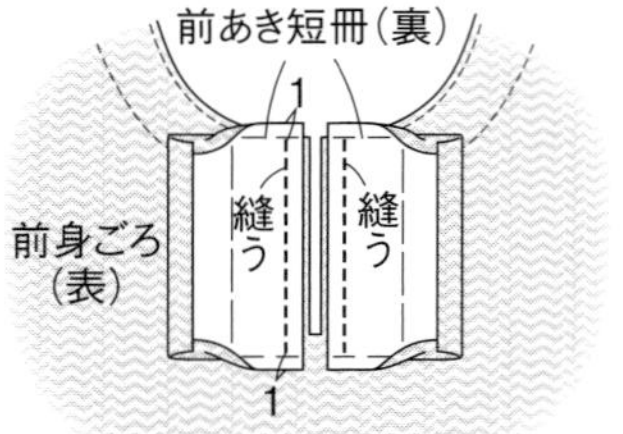

2 前身ごろの前あき位置に、前あき短冊を中表に合わせ、前あき短冊の上下の折り目を開いて、印～印を縫う。

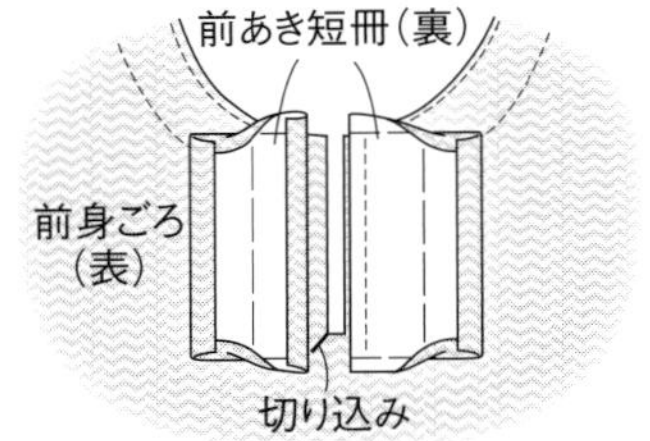

3 右前身ごろの前あき短冊をよけ、右前身ごろの縫い代の角に、前あき短冊つけ止まりに向かって図のように斜めに切り込みを入れる。

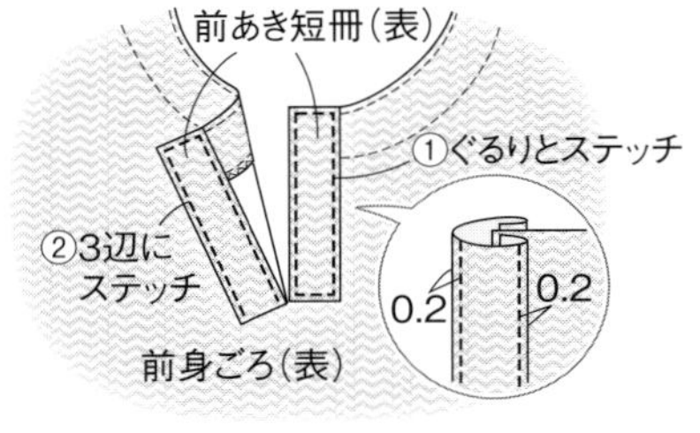

4 左前身ごろの前あき短冊を、**2** の縫い代と **3** で切り込みを入れた下端の縫い代をはさんで **1** の折り目で折って整え、ぐるりとステッチをかける（①）。右前身ごろの前あき短冊も同様に整え、身ごろの表側から短冊の下端以外の３辺にステッチをかける（②）。

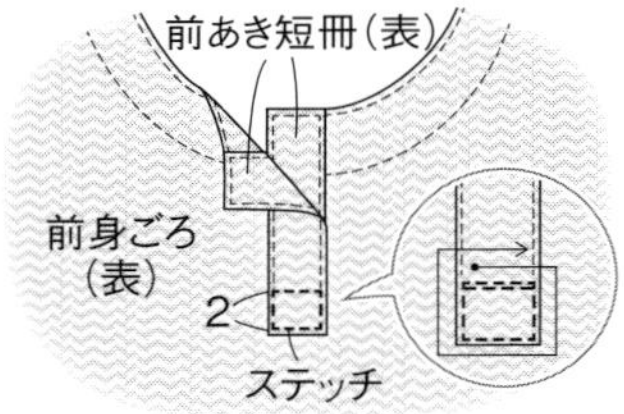

5 左前身ごろの短冊の上に右前身ごろの短冊を重ね、下端をステッチで縫い留める。

5 そでをつける

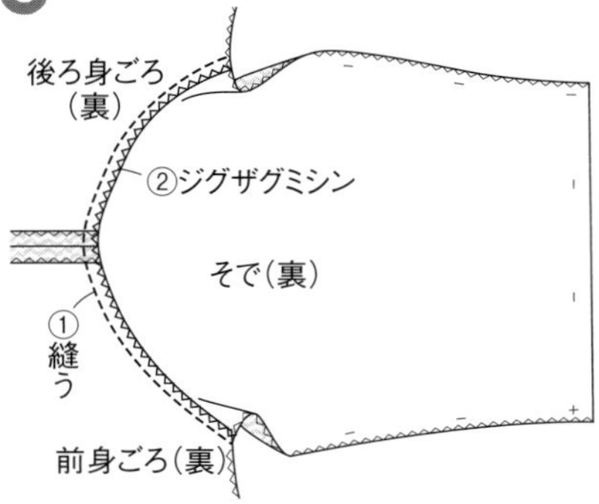

身ごろのそでぐりにそでを中表に合わせて縫う（①）。縫い代は２枚一緒にジグザグミシンをかけ（②）、そで側に倒してアイロンで整える。

6 A. そで下〜わきを縫う

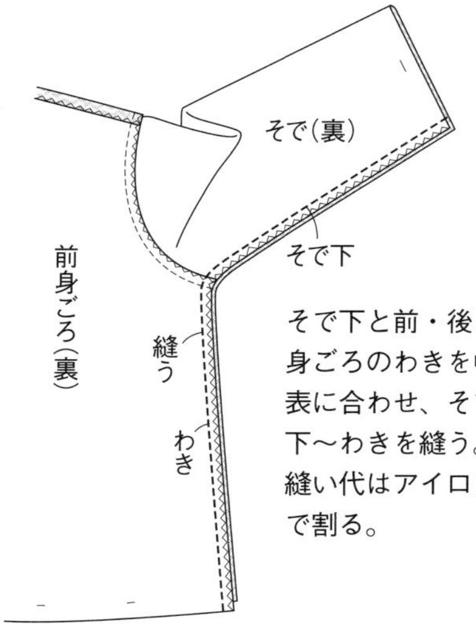

そで下と前・後ろ身ごろのわきを中表に合わせ、そで下〜わきを縫う。縫い代はアイロンで割る。

B. そで下〜わきを縫い、ポケットを作る

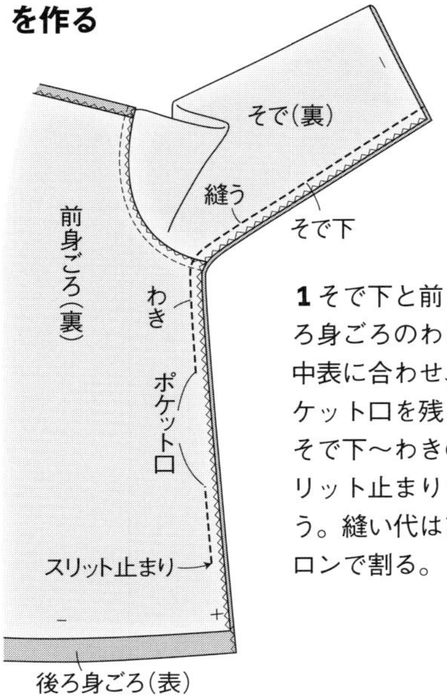

1 そで下と前・後ろ身ごろのわきを中表に合わせ、ポケット口を残してそで下〜わきのスリット止まりを縫う。縫い代はアイロンで割る。

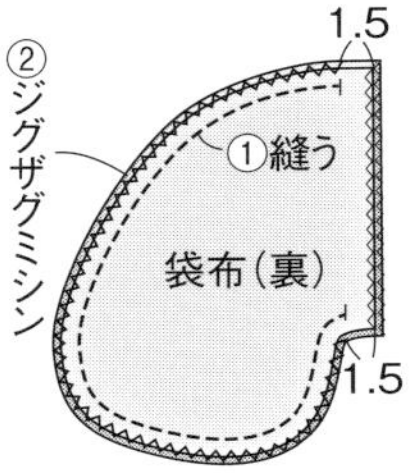

2 2枚の袋布を中表に合わせ、ポケット口の印〜印の外回りを縫う(①)。外回りの縫い代は2枚一緒にジグザグミシンをかける(②)。

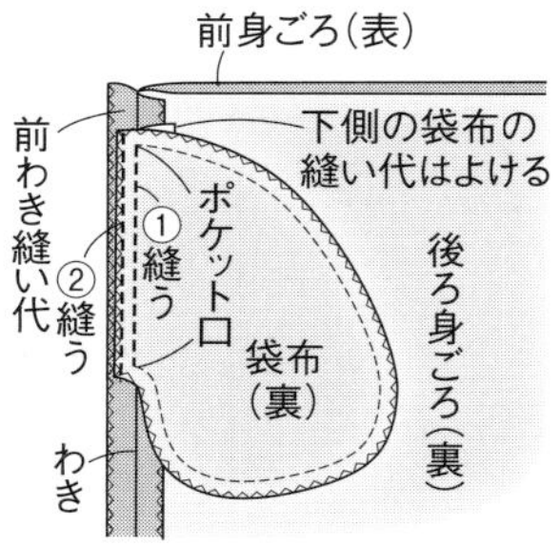

3 前身ごろのポケット口縫い代に、袋布のポケット口縫い代を中表に合わせて、ポケット口を縫う(①)。袋布の縫い代端を前わき縫い代に縫い留める(②)。

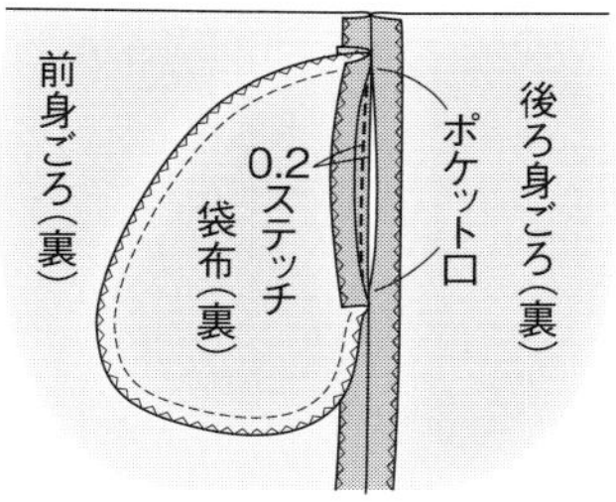

4 前ポケット口に図のように内側(袋布側)からステッチをかける。

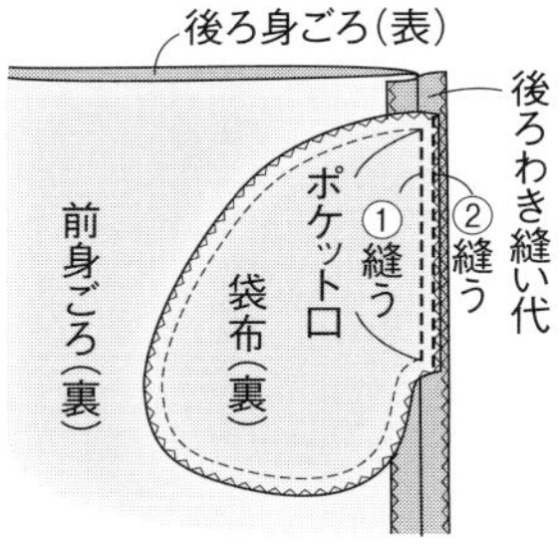

5 後ろ身ごろのポケット口縫い代に、袋布のもう一方のポケット口縫い代を中表に合わせ、前ポケット口をよけて後ろポケット口を縫う(①)。袋布の縫い代端を後ろわき縫い代に縫い留める(②)。

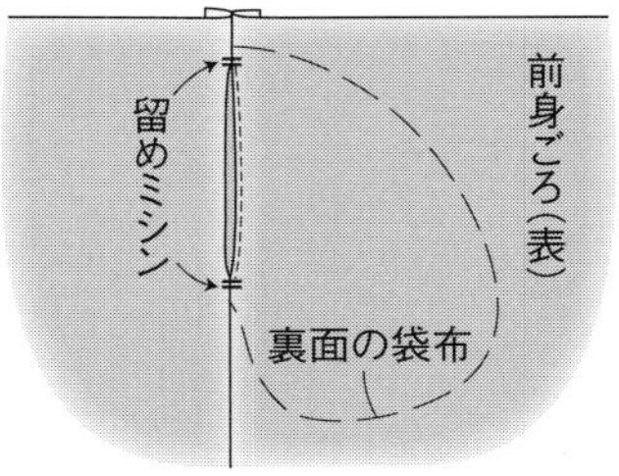

6 身ごろの表側からポケット口の上下に、2〜3回重ねて留めミシンをかける。

7 そで口の始末をする

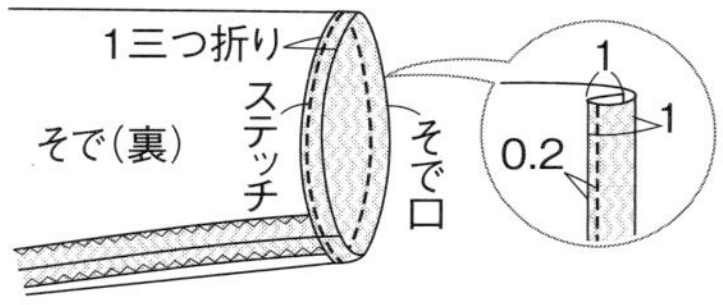

そで口縫い代をアイロンで三つ折りにしてステッチをかける。

8 A. すその始末をする

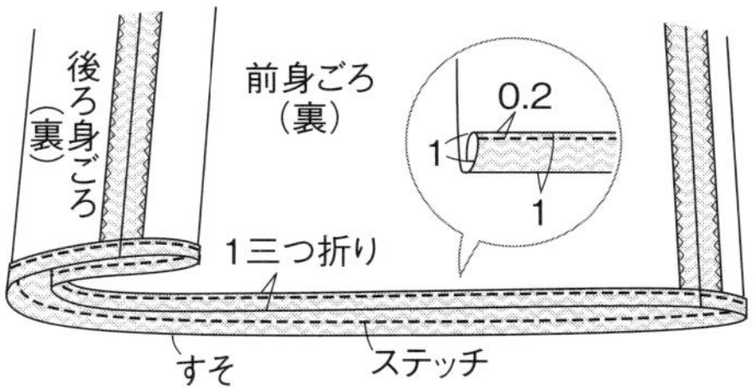

すそ縫い代をアイロンで三つ折りにしてステッチをかける。

B. わきスリットとすその始末をする

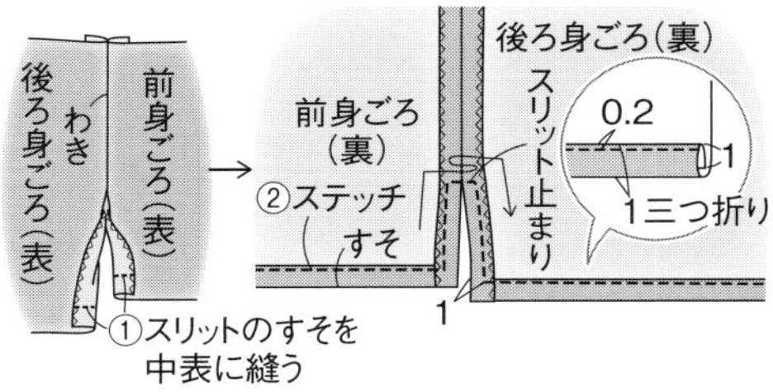

前わき、後ろわきともスリット縫い代を中表に折ってすそを縫う(①)。縫い代を身ごろの裏面に返して整え、すそ縫い代をアイロンで三つ折りにして、すそ〜スリットにステッチをかける(②)。このとき、スリット止まりは返し縫いをする。

9 ボタンホールを作り、ボタンをつける

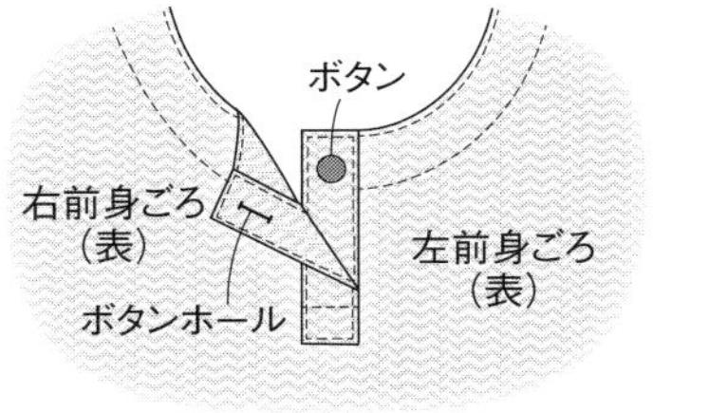

右前あき短冊に縦にボタンホールを作り、左前あき短冊にボタンをつける。ボタンホールはミシンの機能を使って作る。出来上がり。

p.6
型紙B

01

ボトルネックブラウス

Aネイビー
Bマスタード

使用型紙

前身ごろ　後ろ身ごろ　そで　前えりぐり見返し　後ろえりぐり見返し　前すそ見返し　後ろすそ見返し

出来上がり寸法

サイズ	S	M	L	LL
バスト	114	118	122	128
着丈	67.5	68.5	69.5	71
ゆき丈	約70.5	約72.5	約74.5	約77

材料

A

木綿地…137cm幅
　S・M160cm／L・LL170cm
ボタン…直径1.5cm　1個
ポリエステルミシン糸60番　別色(ステッチ用)

B

刺しゅう木綿地…113cm幅　210cm
ボタン…直径1.7cm　1個

作り方のポイント

＊ループは型紙を作らずに、裁ち合わせ図の寸法で直接布を裁つ。
＊**A**はそで口とすそのステッチには別色のミシン糸を使用する。それ以外の**A**・**B**の作り方は同じ。

下準備

肩・わき・そで下の縫い代、各見返しの外回りにジグザグミシン(またはロックミシン)をかける。

縫い方順序

1 肩を縫う
2 えりぐりを縫い、後ろあきを作る
3 そでをつける
4 そで下〜わきを縫う
5 すそに見返しをつける
6 そで口の始末をする
7 ボタンをつける

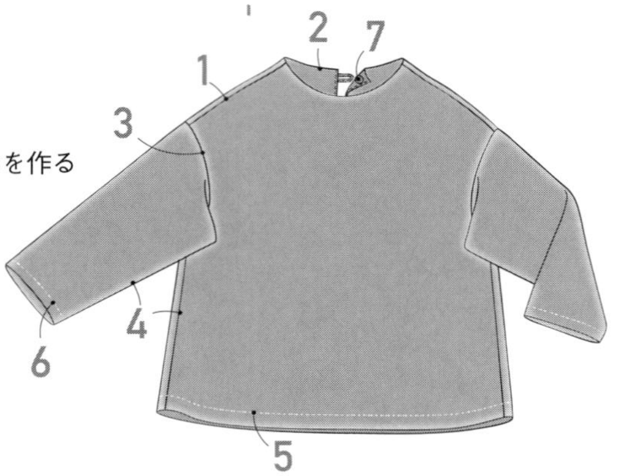

裁ち合わせ図

A

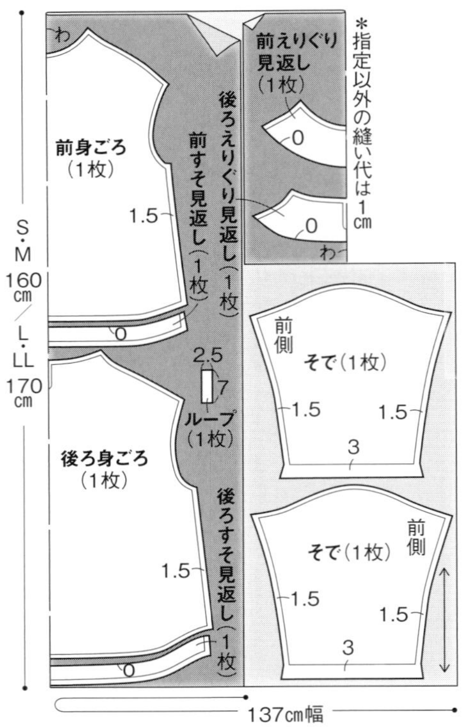

B

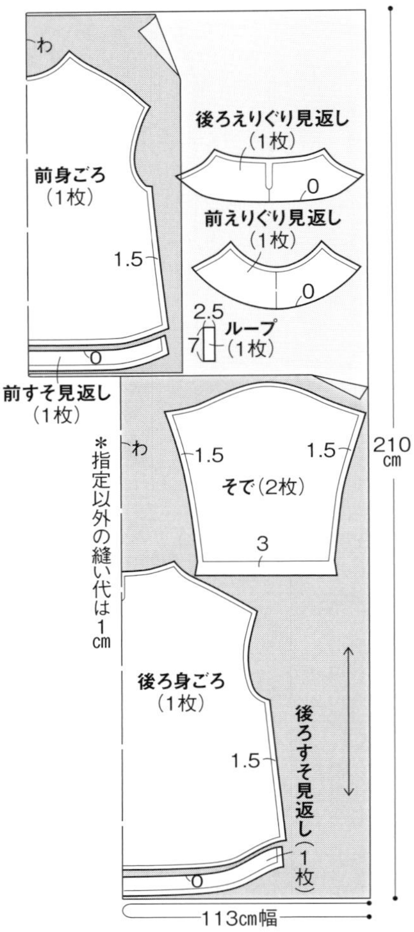

1 肩を縫う

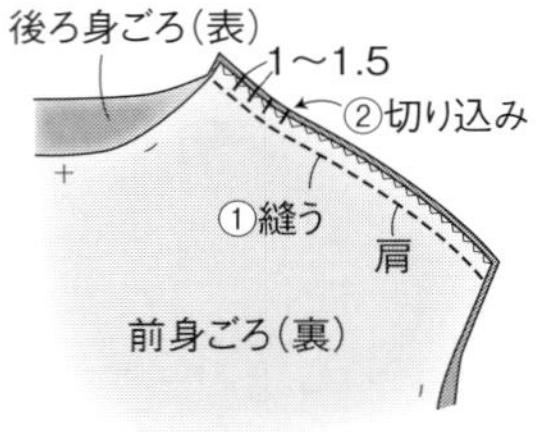

1 前身ごろと後ろ身ごろの肩を中表に合わせて縫い(①)、えりぐり側のカーブ部分の縫い代に切り込みを入れる(②)。縫い代はアイロンで割る。

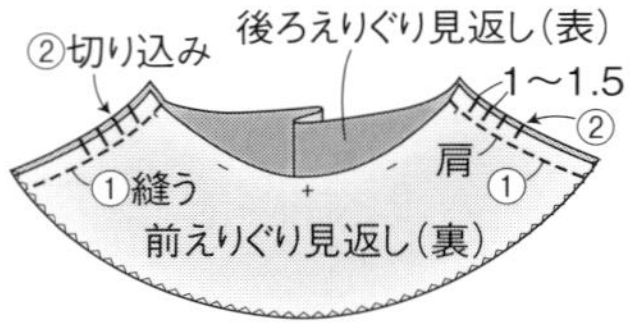

2 前えりぐり見返しと後ろえりぐり見返しの肩を中表に合わせて縫い(①)、えりぐり側のカーブ部分の縫い代に切り込みを入れる(②)。縫い代はアイロンで割る。

2 えりぐりを縫い、後ろあきを作る

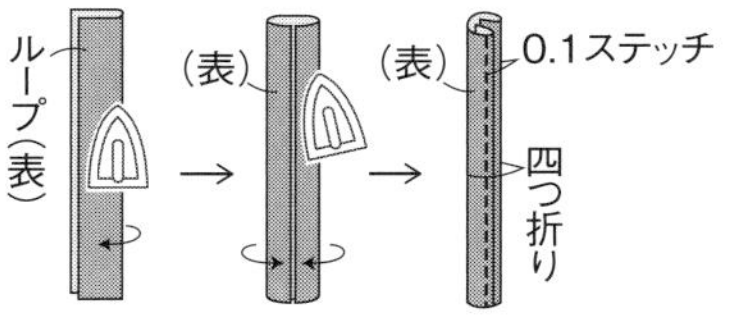

1 ループを外表に四つ折りにしてステッチをかける。

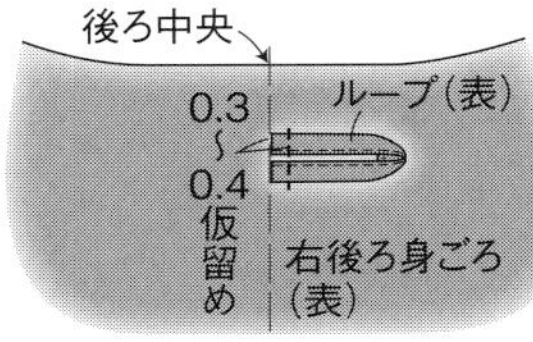

2 右後ろ身ごろ表面のループつけ位置に、二つ折りにした **1** を仮留めする。

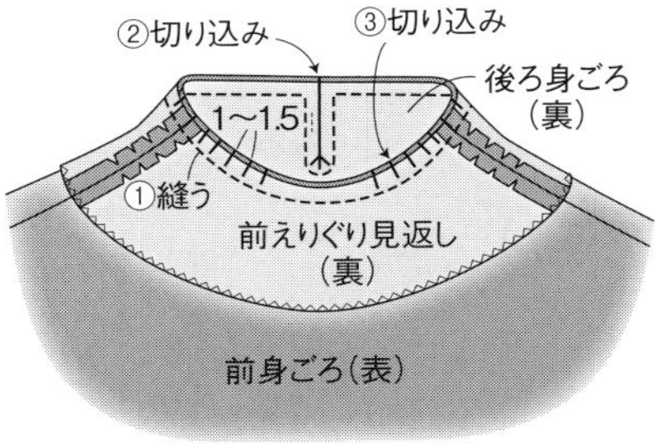

3 身ごろのえりぐりに、えりぐり見返しを中表に合わせ、えりぐり〜後ろあきを続けて縫う（①）。後ろあきのU字の中央に切り込みを入れ（②）、さらにえりぐり縫い代のカーブ部分に切り込みを入れる（③）。

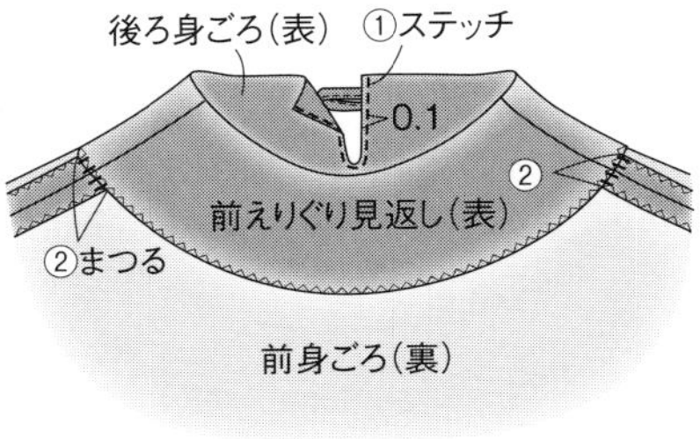

4 えりぐり見返しを身ごろの裏面に返して、えりぐり〜後ろあきをアイロンで整え、後ろあき部分に身ごろの表側からステッチをかける（①）。見返し端を肩縫い代にまつる（②）。

3 そでをつける

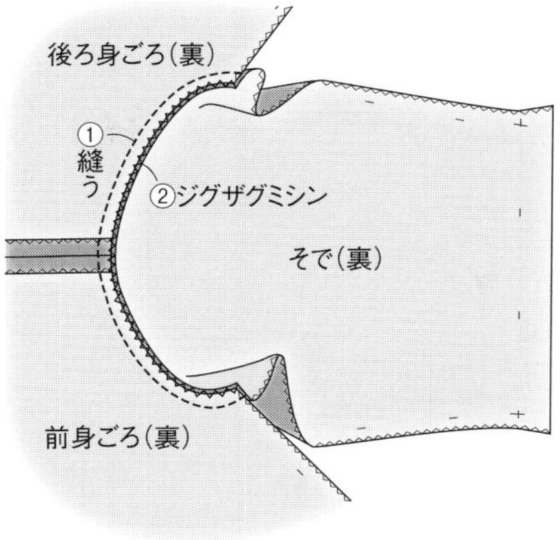

身ごろのそでぐりに、そでを中表に合わせて縫う（①）。縫い代に２枚一緒にジグザグミシンをかける（②）。縫い代はそで側に倒し、アイロンで整える。

4 そで下〜わきを縫う

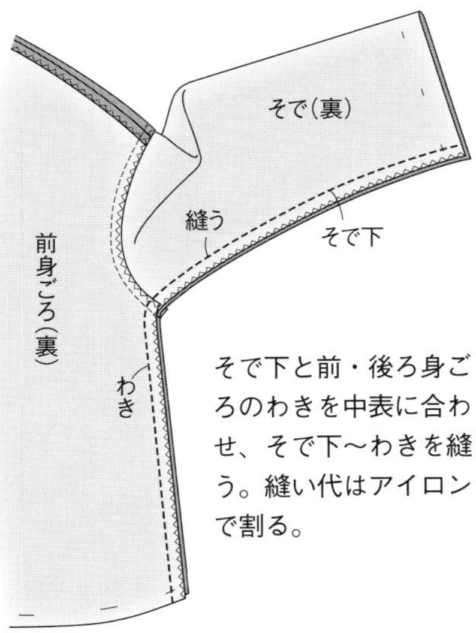

そで下と前・後ろ身ごろのわきを中表に合わせ、そで下〜わきを縫う。縫い代はアイロンで割る。

5 すそに見返しをつける

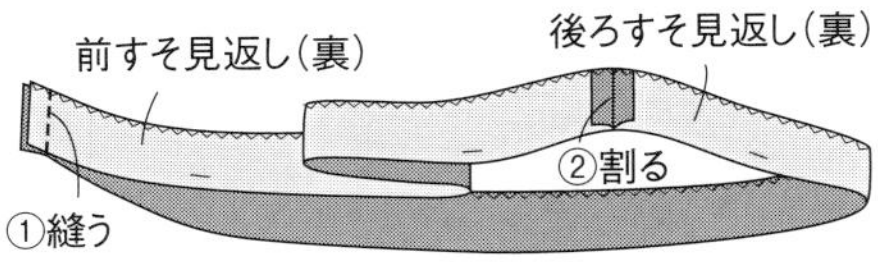

1 前すそ見返しと後ろすそ見返しを中表に合わせ、わきを縫う（①）。縫い代はアイロンで割る（②）。

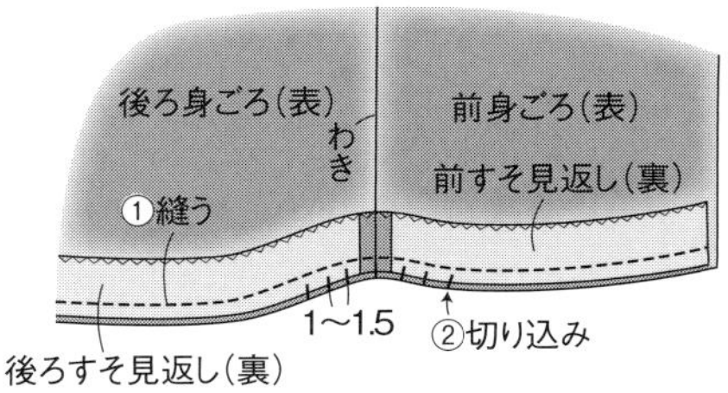

2 身ごろのすそに、すそ見返しを中表に合わせて縫う（①）。わきすそのカーブ部分の縫い代に切り込みを入れる（②）。

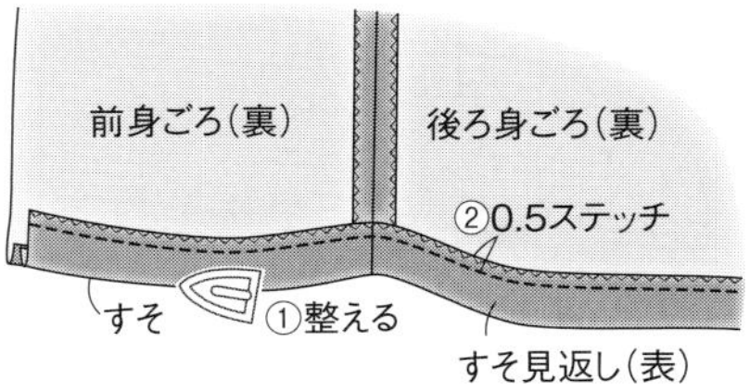

3 すそ見返しを身ごろの裏面に返してアイロンで整え（①）、見返し端にステッチをかける（②）。

6 そで口の始末をする

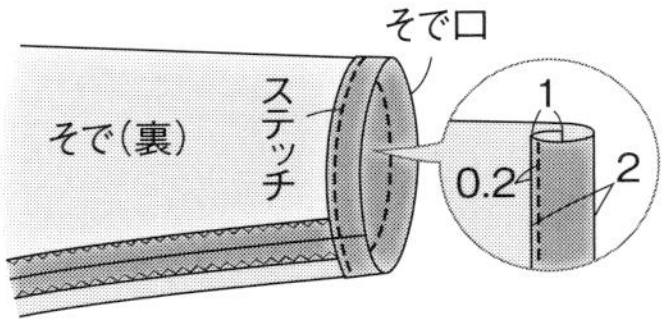

そで口縫い代をアイロンで三つ折りにしてステッチをかける。

7 ボタンをつける

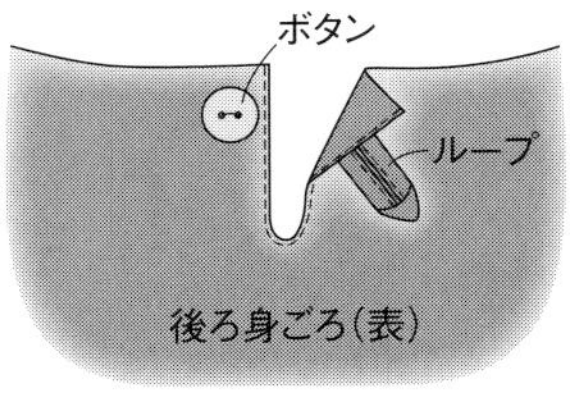

後ろあきの左後ろ身ごろのボタンつけ位置にボタンをつける。出来上がり。

03

前あきブラウス

Aブラウス丈
Bチュニック丈

使用型紙

前身ごろ　後ろ身ごろ　そで　ポケット(Aのみ)　袋布(Bのみ)

出来上がり寸法

サイズ		S	M	L	LL
バスト		144	150	154	160
着丈	A	73.5	75	76	77.5
	B	85.5	87	88	89.5
ゆき丈		約70	約72	約73.5	約76

材料

A刺しゅう木綿地…110cm幅　230cm
ボタン…直径1.2cm　6個
B麻地…110cm幅　260cm
ボタン…直径1.2cm　8個

作り方のポイント

＊えりぐり用バイアス布は型紙を作らずに、裁ち合わせ図の寸法で直接布を裁つ。
＊BはAの着丈を長くし、胸ポケットはつけず、わきにポケットを作る。

下準備

＊麻地は裁断前に水通しする。布に水が浸透するまでつけ、軽く脱水して干し、生乾きの状態で布目のゆがみを直しながらアイロンをかける。
＊肩・わき(スリット分を含む)・そで下、袋布(Bのみ)の縫い代にジグザグミシン(またはロックミシン)をかける。またBは、前端に布地のみみを使わない場合はジグザグミシンをかける。

裁ち合わせ図

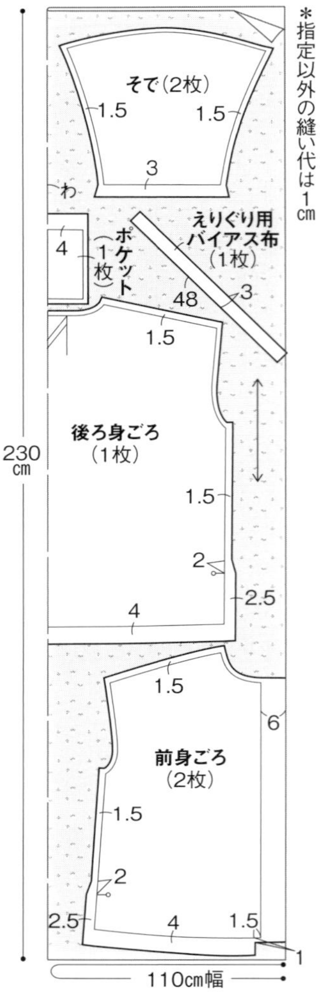

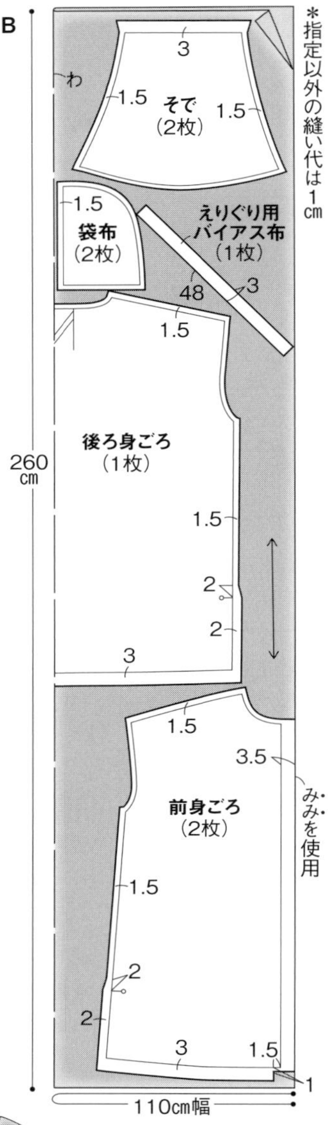

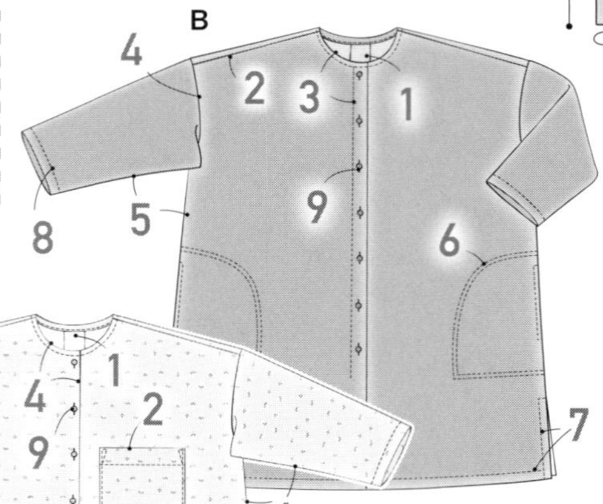

縫い方順序

A

1 後ろ中央のタックを縫う
2 ポケットをつける
3 肩を縫う
4 えりぐりを縫って前端を整える
5 そでをつける
6 そで下～わきを縫う
7 わきスリット、すその始末をする
8 そで口の始末をする
9 ボタンホールを作り、ボタンをつける

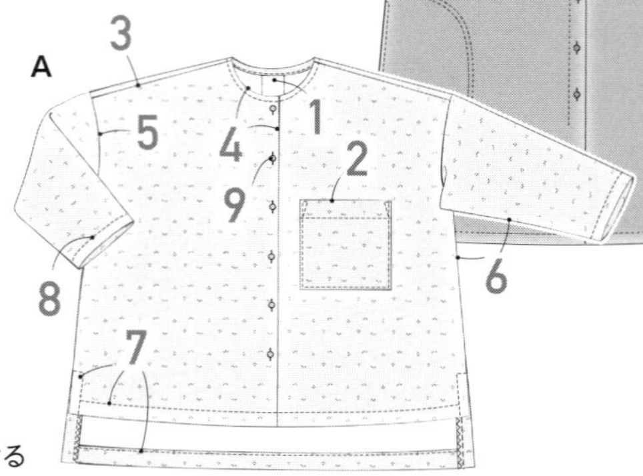

B

1 後ろ中央のタックを縫う
2 肩を縫う
3 えりぐりを縫って前端を整える
4 そでをつける
5 そで下～わきを縫う
6 ポケットを作る
7 わきスリット、すその始末をする
8 そで口の始末をする
9 ボタンホールを作り、ボタンをつける

1 後ろ中央のタックを縫う

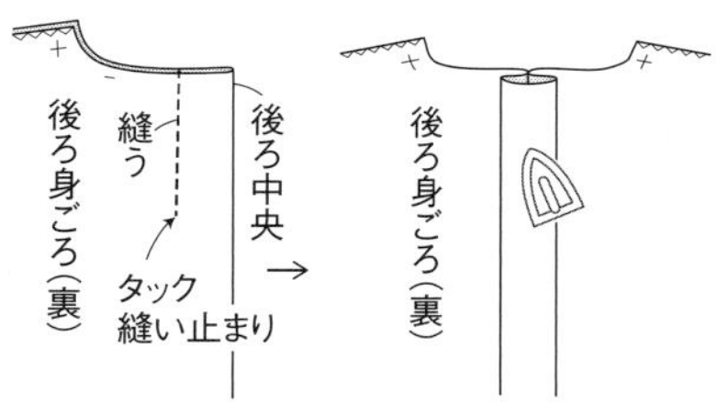

後ろ中央のタック分を中表に合わせ、えりぐり端〜タック縫い止まりを縫う。図のようにタックをたたんでアイロンで整える。

A 2 ポケットをつける

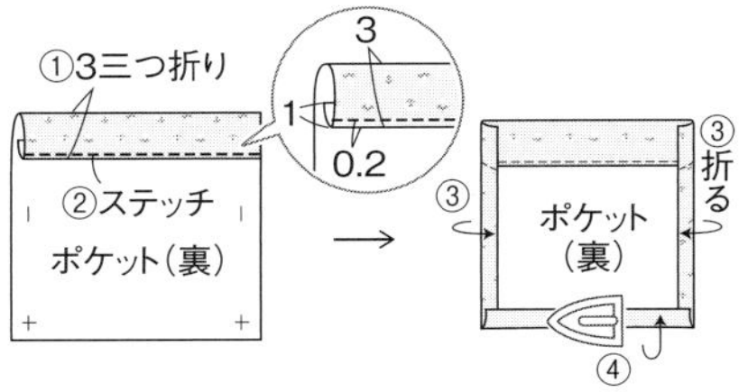

1 ポケット口縫い代をアイロンで三つ折りにし(①)、ステッチをかける(②)。残り3辺の縫い代をアイロンで裏面に折る(③④)。

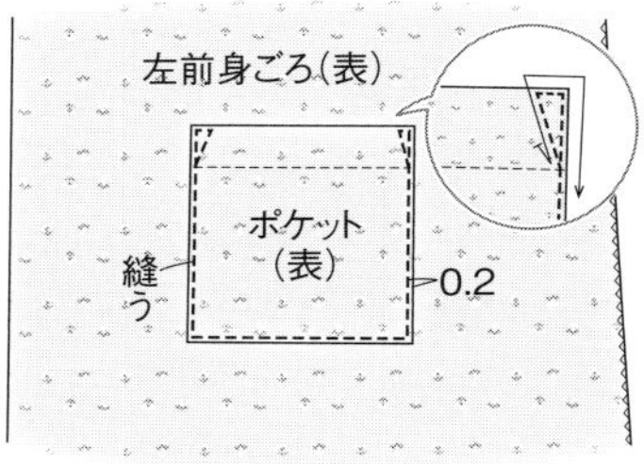

2 左前身ごろのポケットつけ位置に、**1**のポケットを縫い留める。ポケット口の角は補強のため三角に縫う。

A 3 B 2 肩を縫う

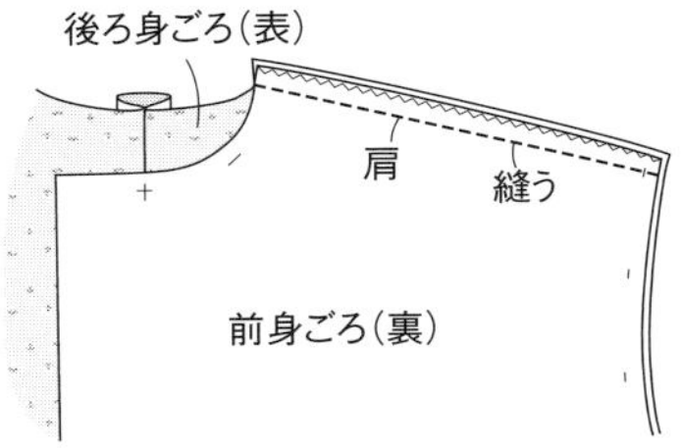

前身ごろと後ろ身ごろの肩を中表に合わせて縫う。縫い代はアイロンで割る。

A 4 えりぐりを縫って前端を整える

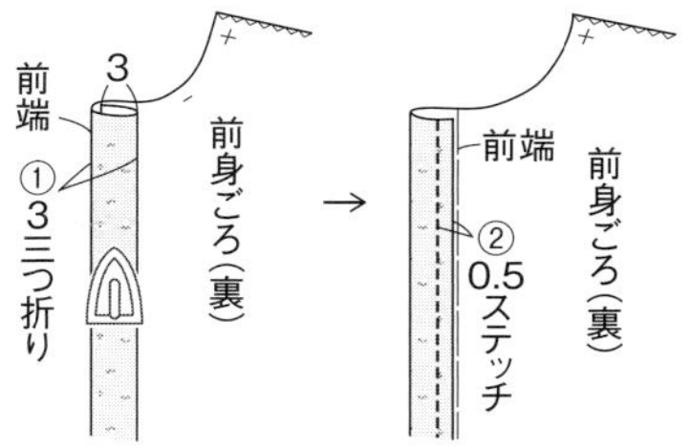

1 前端の縫い代を3cm幅の三つ折りにし(①)、折り目を1つ開いて図の位置にステッチをかける(②)。

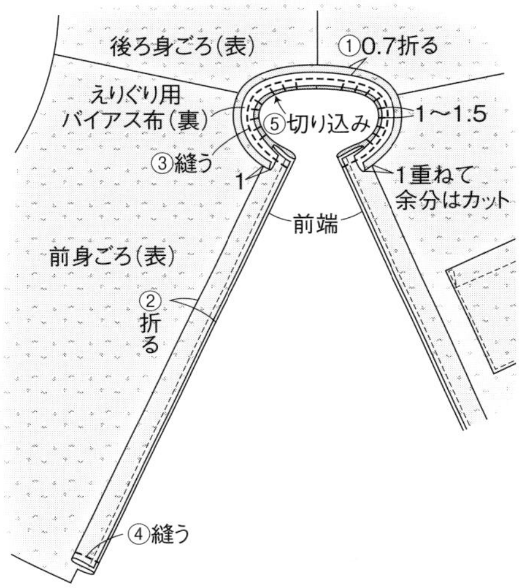

2 えりぐり用バイアス布の片側を0.7cm裏面にアイロンで折る(①)。前端の縫い代を図のように中表に折り(②)、えりぐりにバイアス布を中表に合わせて縫う(③)。前端のすそも縫い代を中表に折って縫う(④)。えりぐり縫い代のカーブ部分に切り込みを入れる(⑤)。

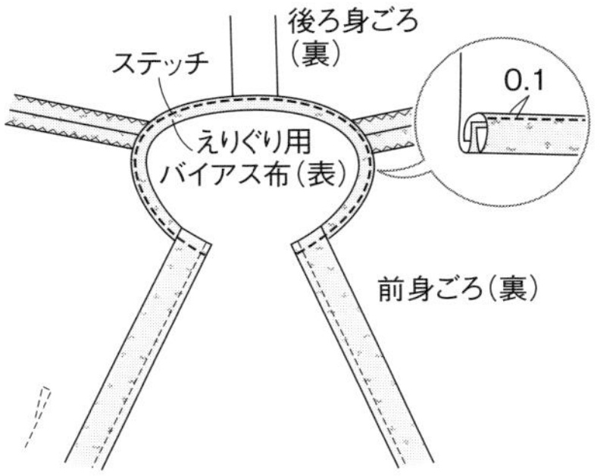

3 えりぐり用バイアス布、前端の縫い代を身ごろの裏面に返してアイロンで整え、えりぐりにステッチをかける。

B 3 えりぐりを縫って前端を整える

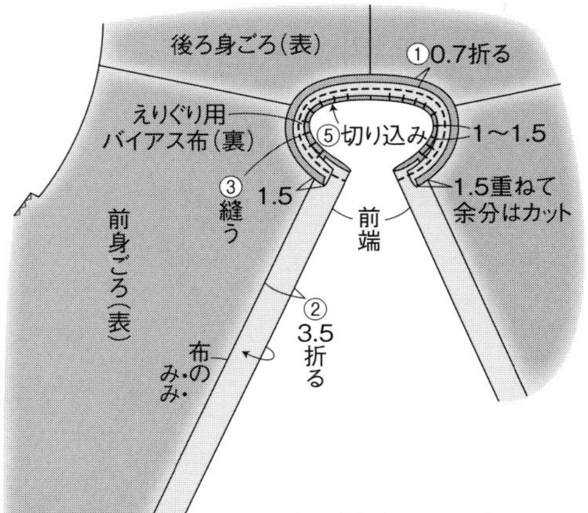

1 えりぐり用バイアス布の片側を0.7cm裏面にアイロンで折る(①)。前端の縫い代を中表に折り(②)、えりぐりにバイアス布を中表に合わせて縫う(③)。前端のすそも縫い代を中表に折って縫う(④)。えりぐり縫い代のカーブ部分に切り込みを入れる(⑤)。

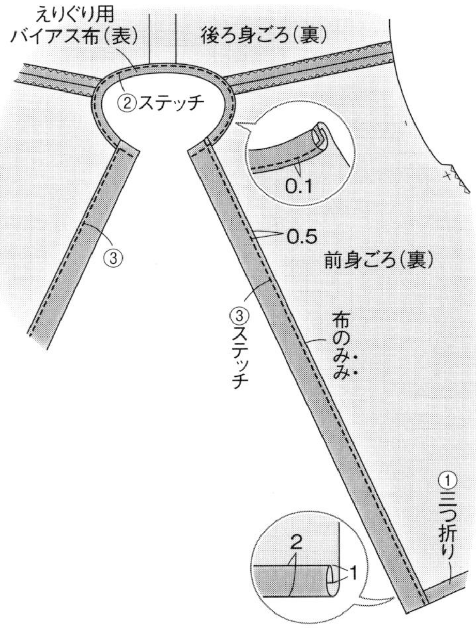

2 えりぐり用バイアス布、前端の縫い代を身ごろの裏面に返してアイロンで整え、すその縫い代をアイロンで三つ折りにする(①)。えりぐりにステッチをかけ(②)、前端縫い代の端にもステッチをかける(③)。

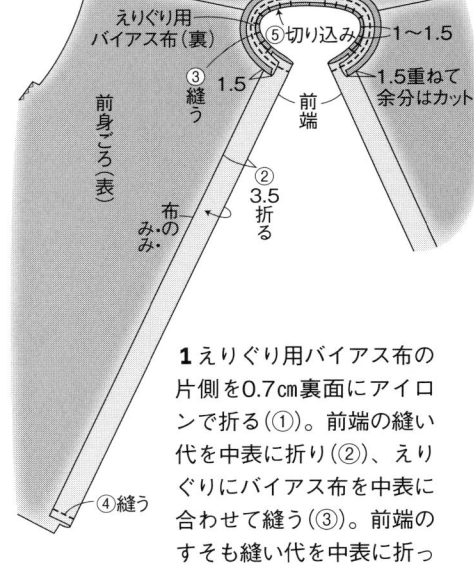

A 5　B 4　そでをつける

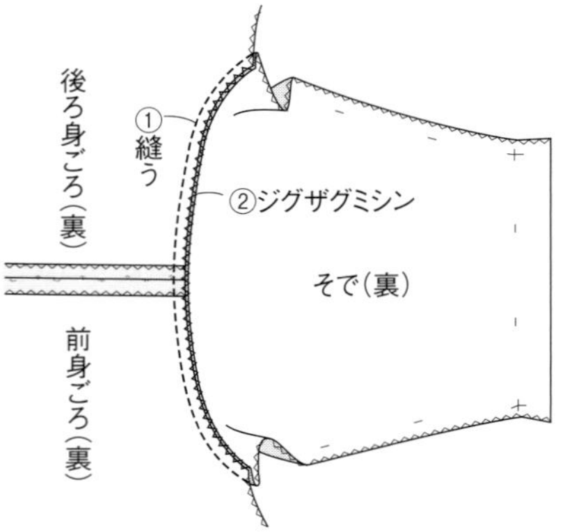

身ごろのそでぐりにそでを中表に合わせて縫う（①）。縫い代は２枚一緒にジグザグミシンをかけ（②）、そで側に倒してアイロンで整える。

A 6　B 5　そで下～わきを縫う

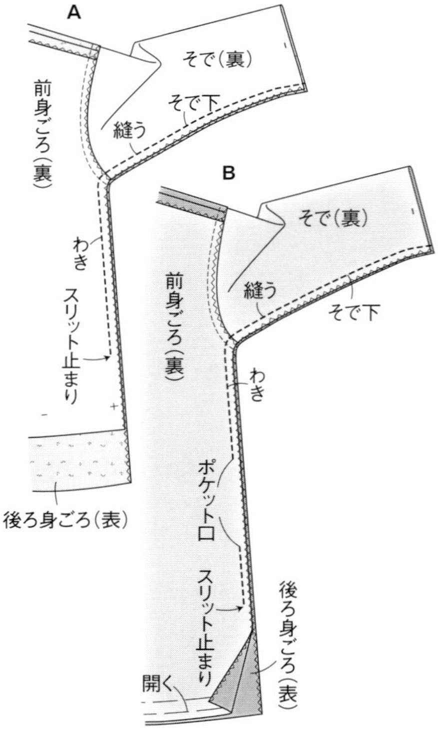

そで下と前・後ろ身ごろのわきを中表に合わせ、そで下～わきのスリット止まりを縫う。このとき、Bはポケット口を残して縫う。縫い代はアイロンで割る。

B 6　ポケットを作る

1 わきの前ポケット口に、前身ごろの表面からステッチをかける。

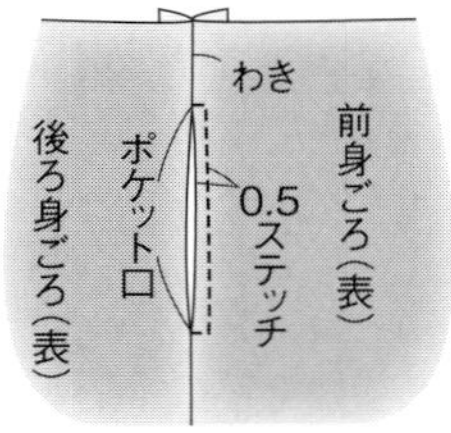

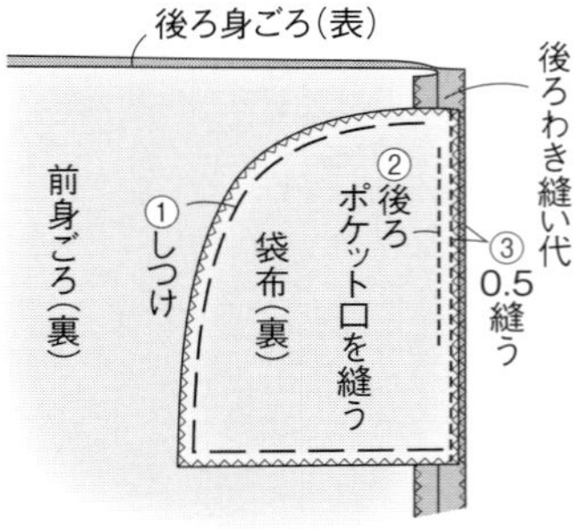

2 前身ごろの裏面に、ポケット口を合わせて袋布を図のように重ね、袋布の外回りの出来上がり線にしつけをかける（①）。前ポケット口をよけて後ろポケット口を縫い（②）、さらに袋布の縫い代端を後ろわき縫い代に縫い留める（③）。

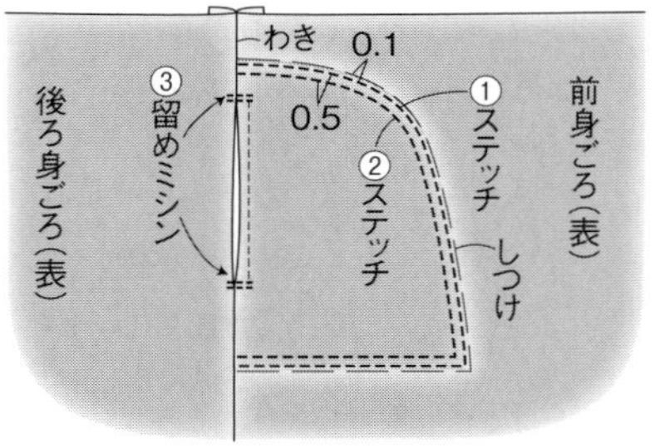

3 前身ごろの表側から **2** のしつけの内側にステッチをかけ（①）、さらに0.5cm内側にもう１本ステッチをかける（②）。ポケット口の上下に2～3回重ねて留めミシンをかけ（③）、**2** のしつけを抜く。

7　わきスリット、すその始末をする

1 前すそ、後ろすそともスリット縫い代を中表に折ってすそを縫う。

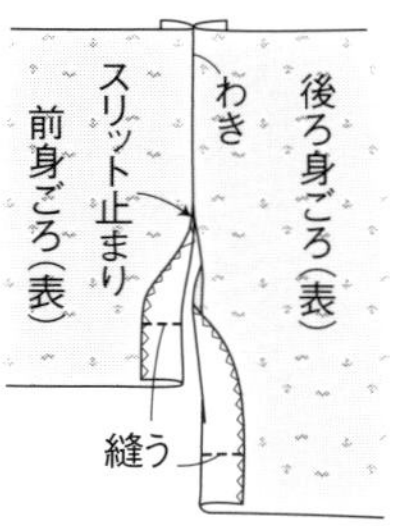

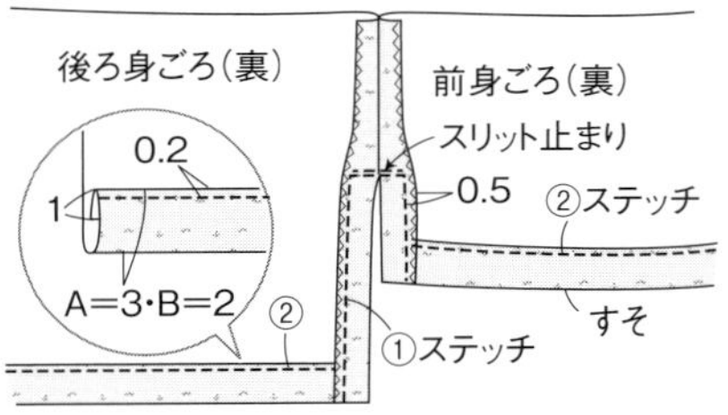

2 **1** の縫い代を身ごろの裏面に返し、前すそ、後ろすその縫い代を三つ折りにしてアイロンで整え、スリット（①）、すそ（②）にステッチをかける。このとき、スリット止まりは返し縫いをする。

8　そで口の始末をする

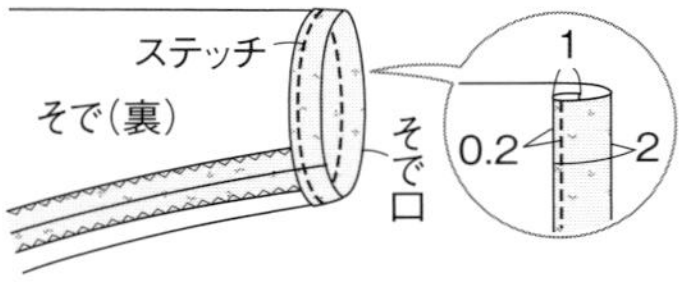

そで口縫い代をアイロンで三つ折りにしてステッチをかける。

9　ボタンホールを作り、ボタンをつける

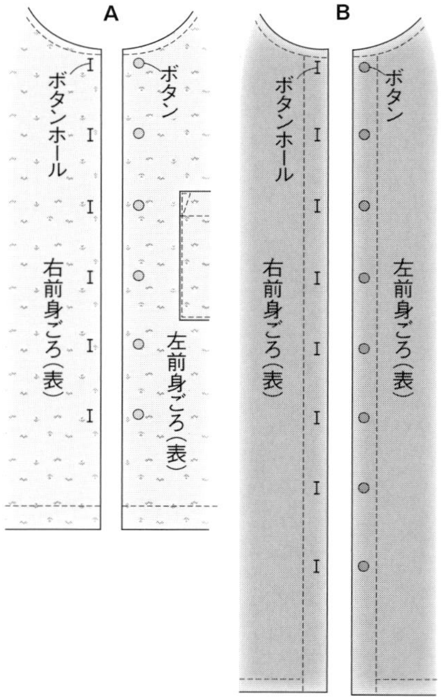

A、Bとも右前身ごろの前中央に、縦にボタンホールを作り、左前身ごろの前中央にボタンをつける。ボタンホールはミシンの機能を使って作る。出来上がり。

p. 18
型紙C

07

ロングカーディガン

Aコットン
Bウールガーゼ

使用型紙

前身ごろ　後ろ身ごろ　そで　袋布

出来上がり寸法

サイズ	S	M	L	LL
バスト	106	110	114	120
着丈	94	94	94	94
ゆき丈	約71	約72	約73	約74.5

材料

A 木綿地…110㎝幅　270㎝
B ウールガーゼ…138㎝幅　250㎝

作り方のポイント

＊えりぐり用バイアス布は型紙を作らずに、裁ち合わせ図の寸法で直接布を裁つ。
＊えりの部分は1枚で仕立てているため、布地の裏面が表側に出る。そのため表裏のない布地や裏面が見えても気にならない布地を選ぶ。
＊**A**と**B**はポケットの作り方が違うが、それ以外の作り方は同じ。

下準備

わき(スリット分を含む)・そで下・袋布の縫い代にジグザグミシン(またはロックミシン)をかける。

裁ち合わせ図

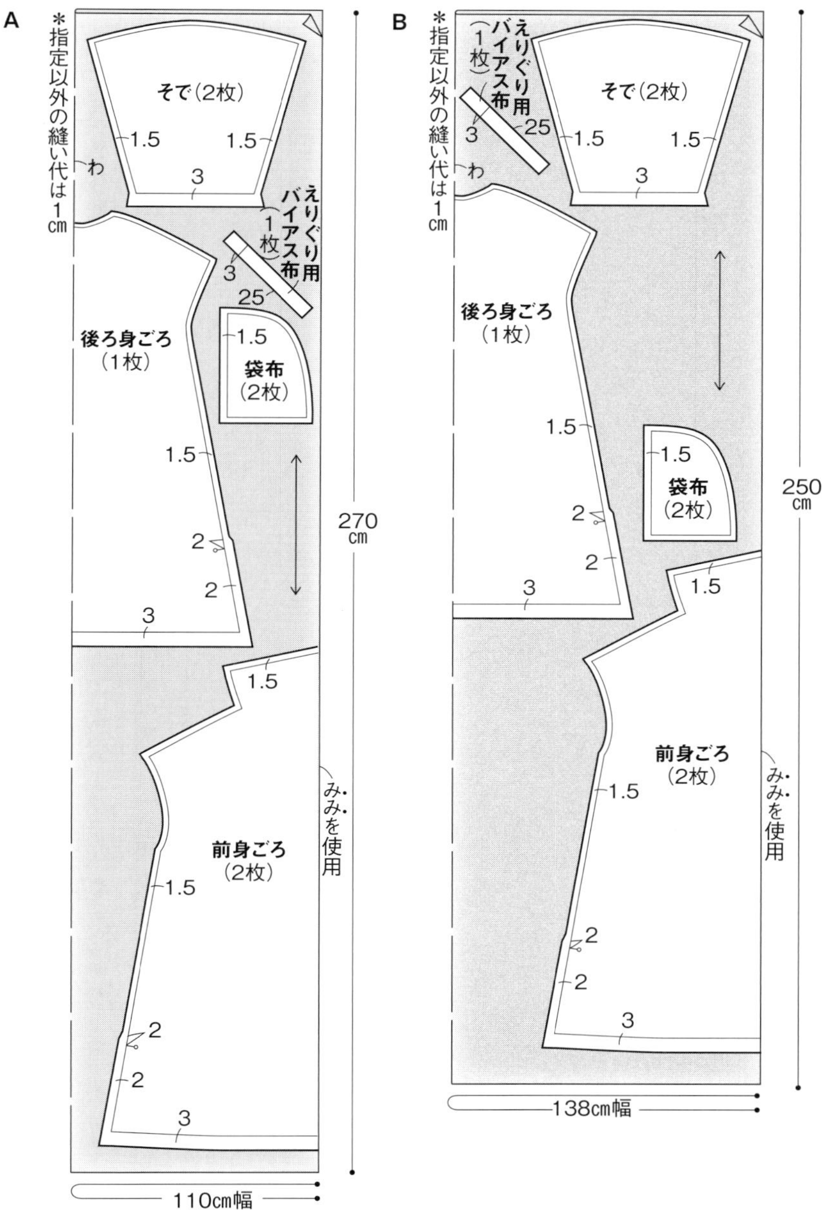

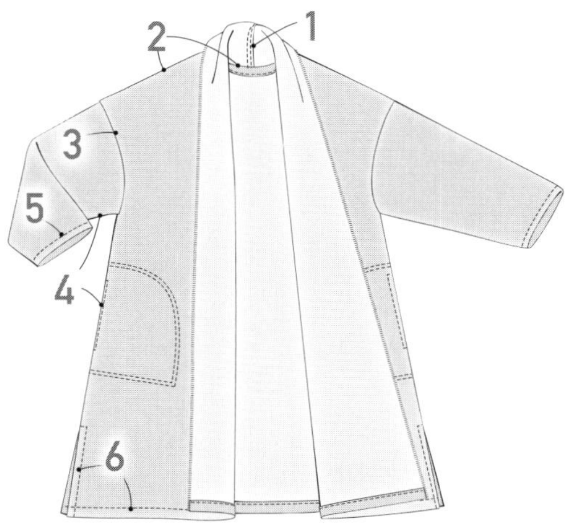

縫い方順序

1 えり後ろ中央を縫う
2 肩〜えりぐりを縫う
3 そでをつける
4 そで下〜わきを縫い、ポケットを作る
5 そで口の始末をする
6 すそ、スリットの始末をする

1 えり後ろ中央を縫う

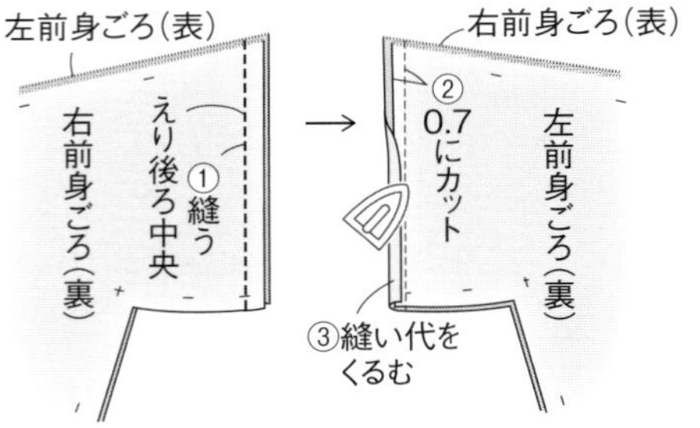

1 2枚の前身ごろを中表に合わせ、えり後ろ中央を縫う(①)。左前身ごろ側の縫い代を0.7cmにカットし(②)、幅の狭いほうの縫い代を広いほうの縫い代でくるむ(③)。

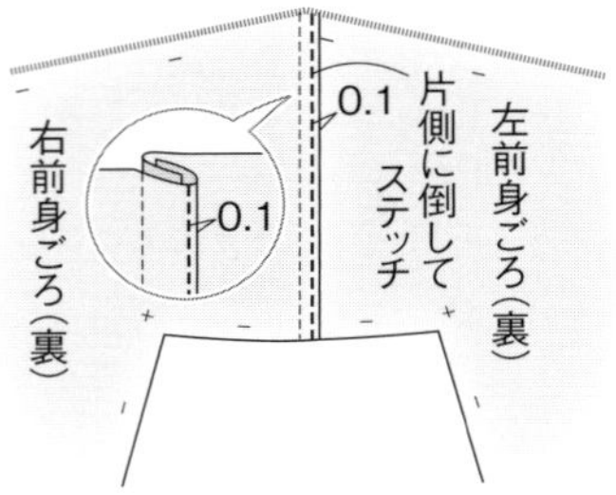

2 縫い代を左前身ごろ側に倒して、ステッチをかける(折り伏せ縫い)。

2 肩〜えりぐりを縫う

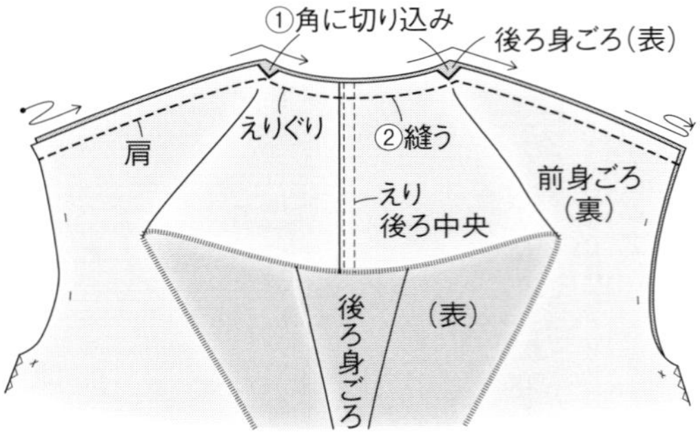

1 前身ごろのえりぐりと肩の角の縫い代に切り込みを入れ(①)、前身ごろと後ろ身ごろの肩とえりぐりを中表に合わせて、左の肩先〜右の肩先を縫う(②)。

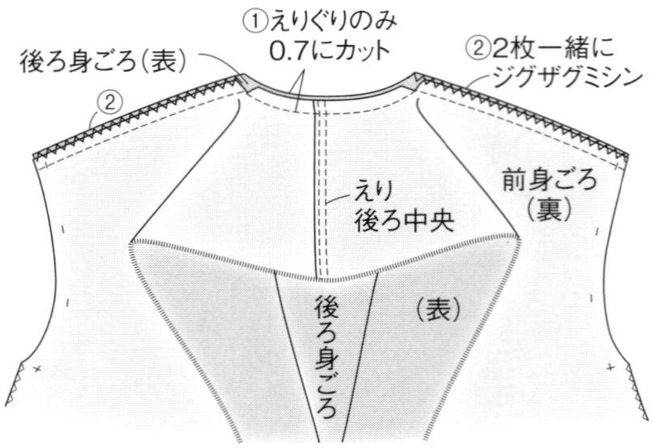

2 前・後ろ身ごろのえりぐり縫い代のみ0.7cmにカットし(①)、肩縫い代に2枚一緒にジグザグミシンをかける(②)。

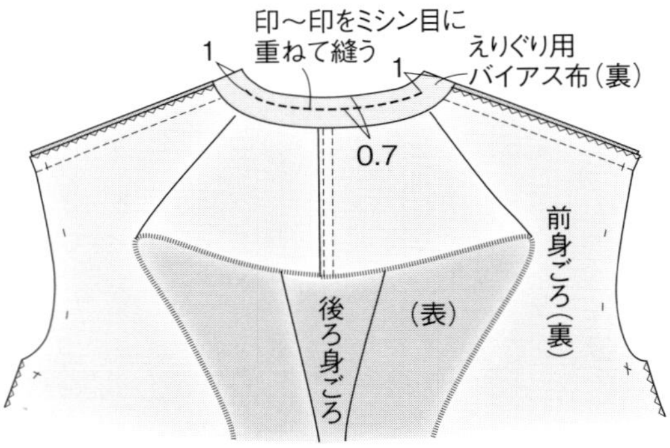

3 えりぐり縫い代に、えりぐり用バイアス布の裏面を上にして重ね、印〜印をミシン目に重ねて縫う。バイアス布の両端は1cmの縫い代を残してカットする。

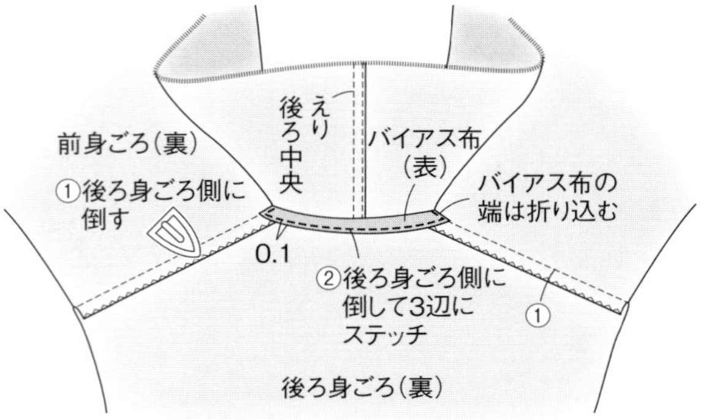

4 肩縫い代を後ろ身ごろ側にアイロンで倒す(①)。バイアス布でえりぐり縫い代をくるんで後ろ身ごろ側に倒し、両端の縫い代を折り込んで3辺にステッチをかける(②)。

3 そでをつける

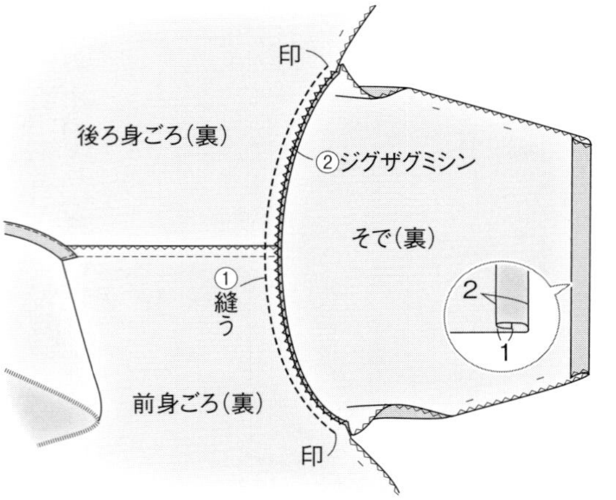

身ごろのそでぐりにそでを中表に合わせて印〜印を縫う(①)。縫い代に2枚一緒にジグザグミシンをかけ(②)、そで側に倒してアイロンで整える。そで口の縫い代をアイロンで三つ折りにする。

4 そで下〜わきを縫い、ポケットを作る

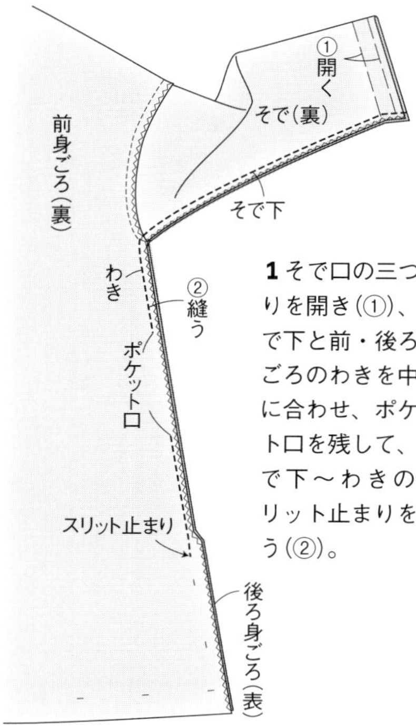

1 そで口の三つ折りを開き(①)、そで下と前・後ろ身ごろのわきを中表に合わせ、ポケット口を残して、そで下〜わきのスリット止まりを縫う(②)。

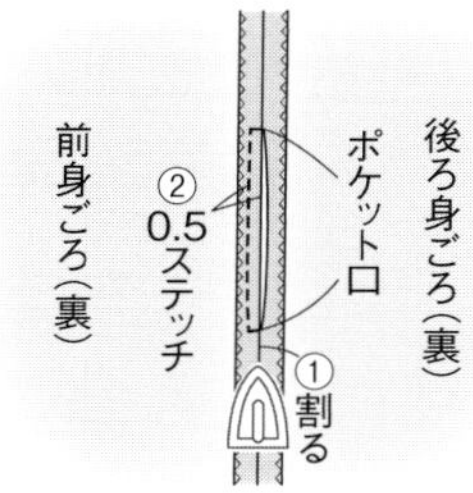

2 縫い代をアイロンで割り(①)、前身ごろのポケット口にステッチをかける(②)。

A

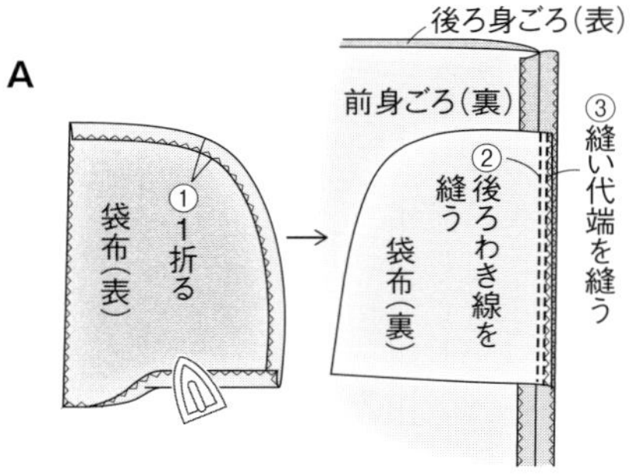

3 Aは袋布のわき以外の2辺の縫い代を表面にアイロンで折る(①)。前身ごろの裏面にポケット口の位置を合わせて袋布の裏面を上にして重ね、後ろ身ごろをよけて後ろ身ごろのわき線のきわを縫う(②)。袋布の縫い代端を後ろわき縫い代に縫い留める(③)。

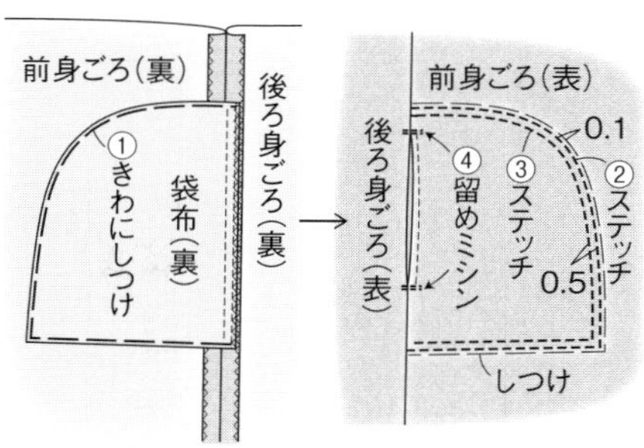

4 前身ごろに重ねた袋布の外回りにしつけをかけ(①)、前身ごろの表側からしつけの内側にステッチを2本かける(②③)。ポケット口の上下に2〜3回重ねて留めミシンをかける(④)。しつけは抜く。

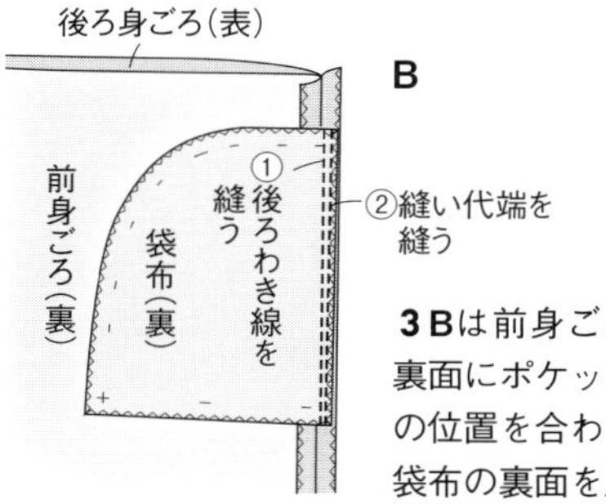

3 Bは前身ごろの裏面にポケット口の位置を合わせて袋布の裏面を上にして重ね、後ろ身ごろをよけて後ろ身ごろのわき線のきわを縫う(①)。袋布の縫い代端を後ろわき縫い代に縫い留める(②)。

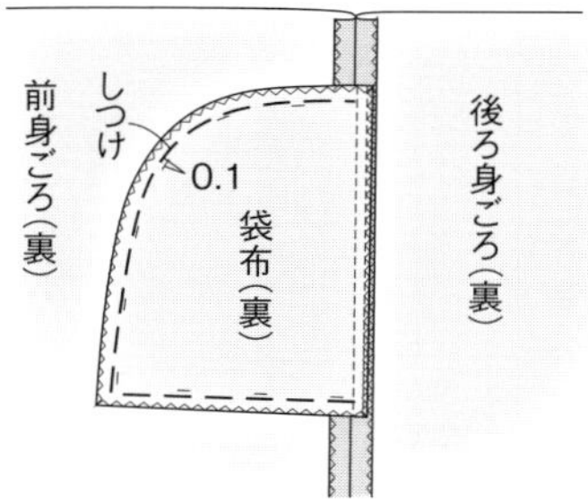

4 前身ごろに重ねた袋布の外回りにしつけをかける。

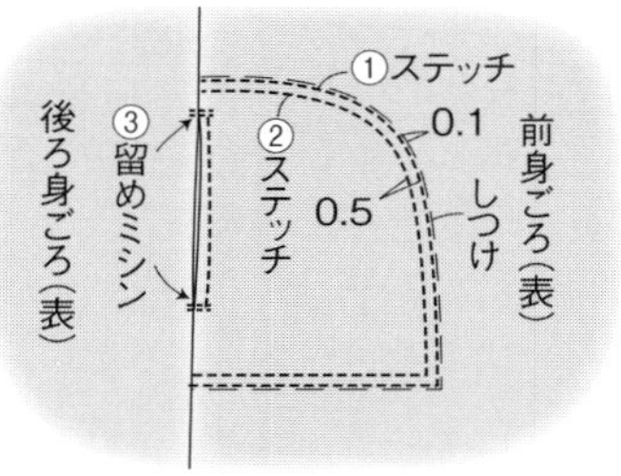

5 前身ごろの表側からしつけの内側にステッチを2本かける(①②)。ポケット口の上下に2〜3回重ねて留めミシンをかける(③)。しつけは抜く。

5 そで口の始末をする

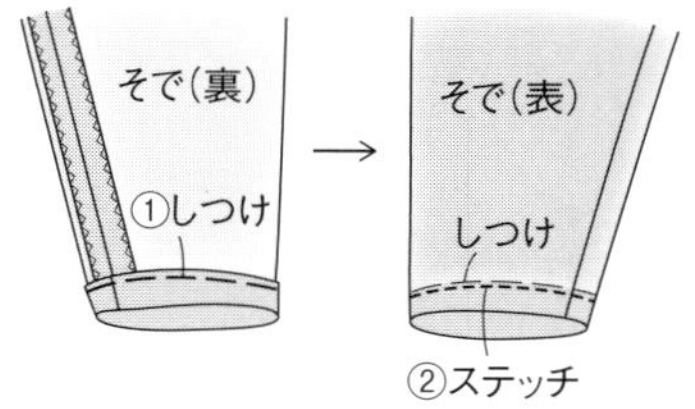

そで口の三つ折りを再度整え、折り山のきわにしつけをかける(①)。表側からしつけのきわにステッチをかける(②)。しつけは抜く。

6 すそ、スリットの始末をする

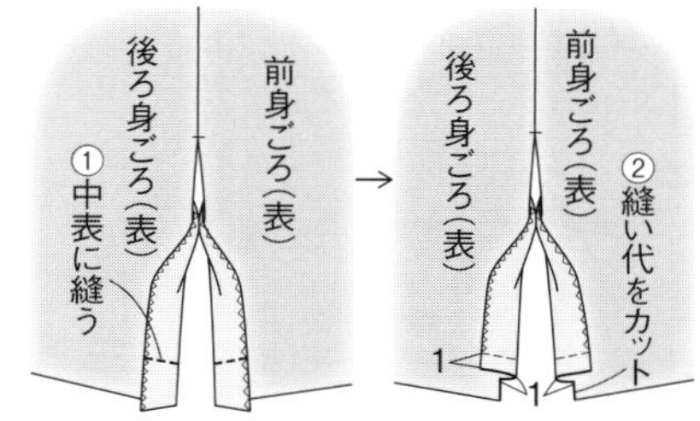

1 前・後ろともスリット縫い代を中表に折って、すその出来上がり線を縫う(①)。すその余分な縫い代をカットする(②)。

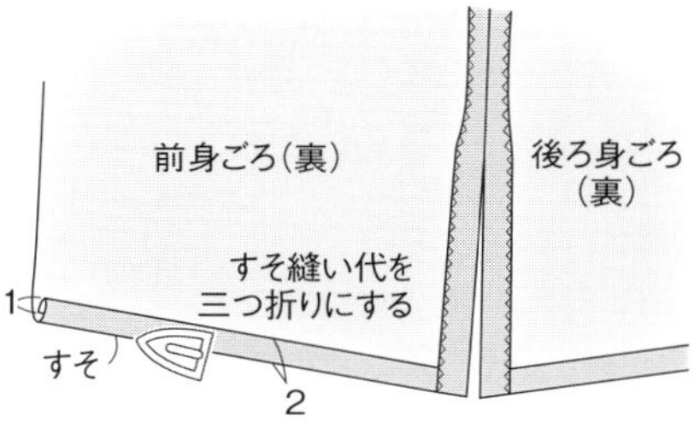

2 スリット縫い代を身ごろの裏面に返し、すそ縫い代をアイロンで三つ折りにする。

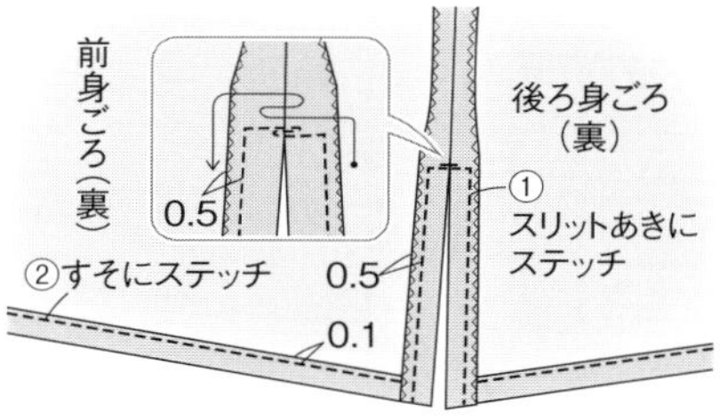

3 スリットあきにステッチをかけ(①)、すそにステッチをかける(②)。このとき、スリット止まりは返し縫いをする。出来上がり。

04

Tシャツ風ブラウス

A半そで
B長そで

使用型紙

前身ごろ　後ろ身ごろ　そで　前見返し　後ろ見返し　ポケット(Bのみ)　ポケットまち(Bのみ)

出来上がり寸法

サイズ		S	M	L	LL
バスト		112.5	116.5	120.5	126.5
着丈		62.5	63.5	64.5	66
ゆき丈	A	約45.6	約47.3	約49	約51.5
	B	約66.1	約67.8	約69.5	約72

材料

A 木綿地…125㎝幅　150㎝
B 木綿地(起毛) チェック柄…110㎝幅　200㎝

作り方のポイント

＊**A**は後ろ身ごろ、後ろ見返し、そでの片側(右そで)は、布地の裏面を表側に使用する。
＊チェックの柄合わせをする場合は多めに布を用意する。前・後ろ身ごろのわきに同じ柄がくるように型紙を配置する。
＊**B**は**A**のそでを長くし、前身ごろにポケットをつける。

下準備

＊肩・わき(スリット分を含む)・そで下・ポケットまちの縫い代、前・後ろ見返しの外回りにジグザグミシン(またはロックミシン)をかける。
＊すそ・そで口の縫い代をアイロンで2㎝幅の三つ折りにする。

縫い方順序

1 ポケットをつける(**B**のみ)
2 肩を縫う
3 えりぐりを縫う
4 そでをつける→p.65 3
5 そで下～わきを縫う→p.65 4
6 そで口の始末をする→p.65 5
7 すそとスリットあきの始末をする

裁ち合わせ図

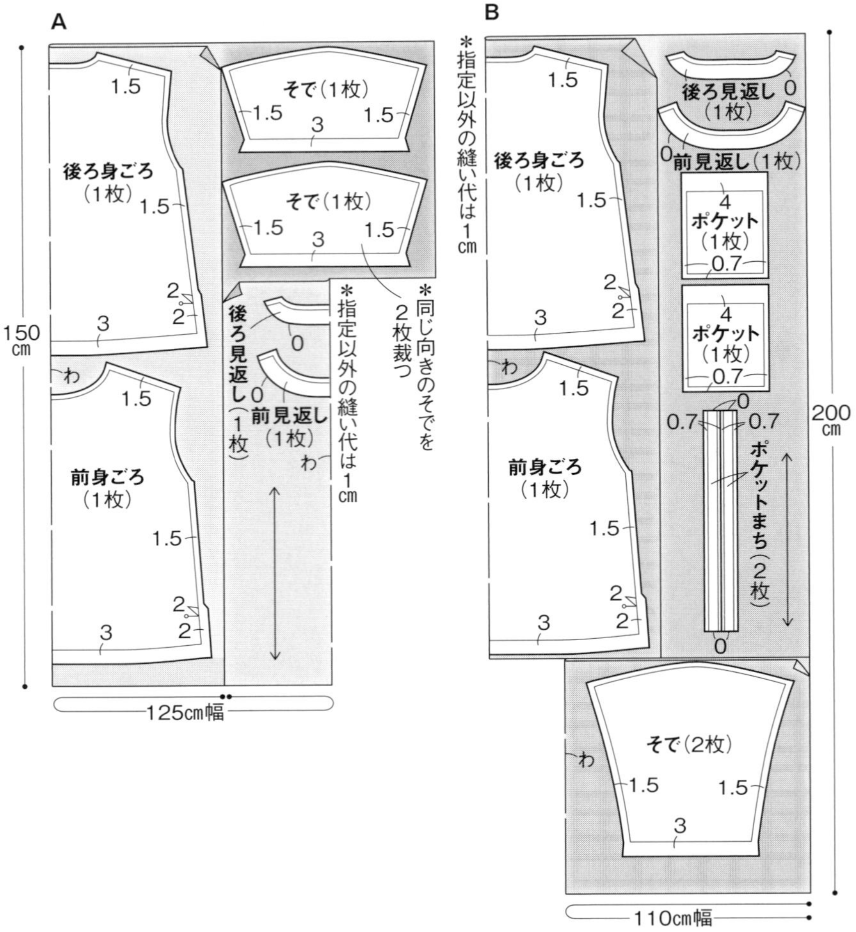

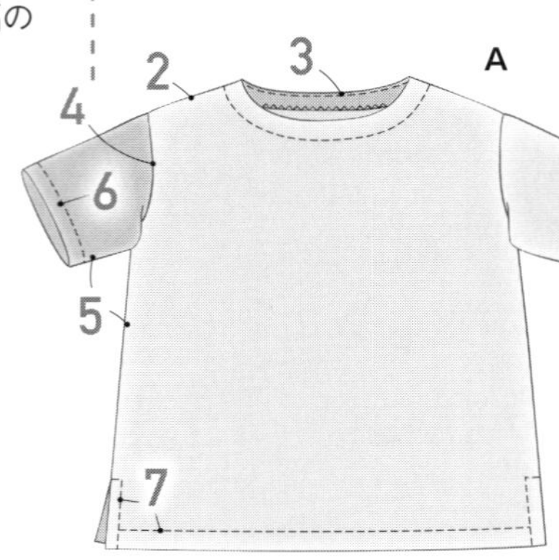

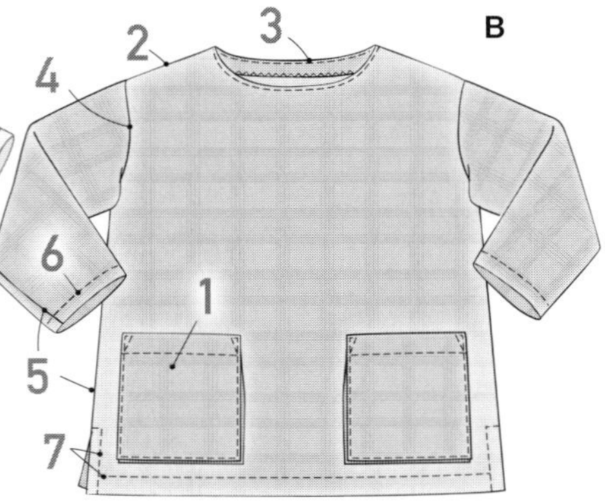

1 ポケットをつける(Bのみ)

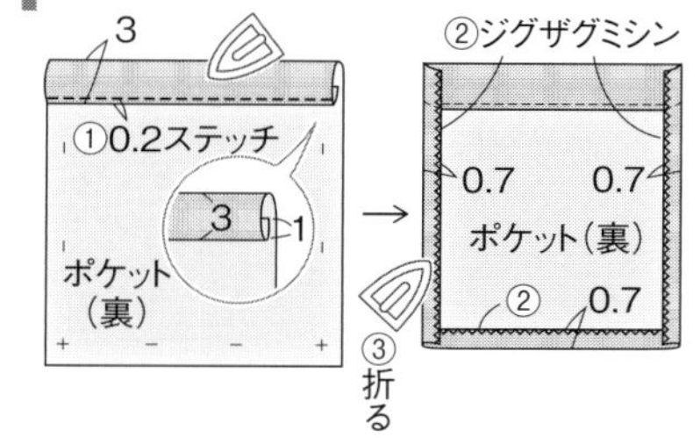

1 ポケット口縫い代をアイロンで三つ折りにしてステッチをかける(①)。ポケット口以外の3辺の縫い代にジグザグミシンをかけ(②)、アイロンで裏面に折る(③)。

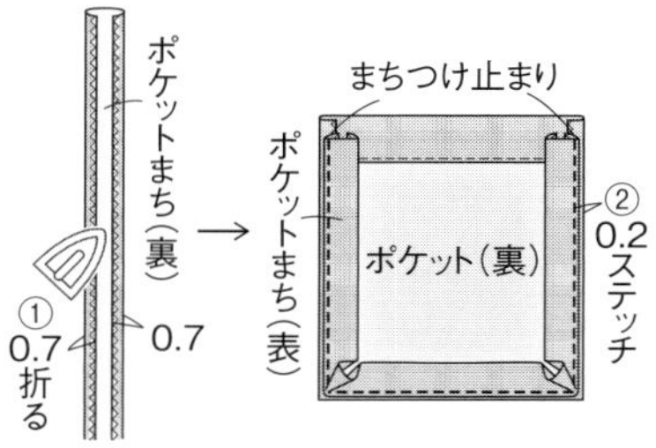

2 ポケットまちの長辺の縫い代を裏面にアイロンで折る(①)。ポケットとポケットまちを図のように重ね、ポケット口以外の3辺にステッチをかけて縫い留める(②)。

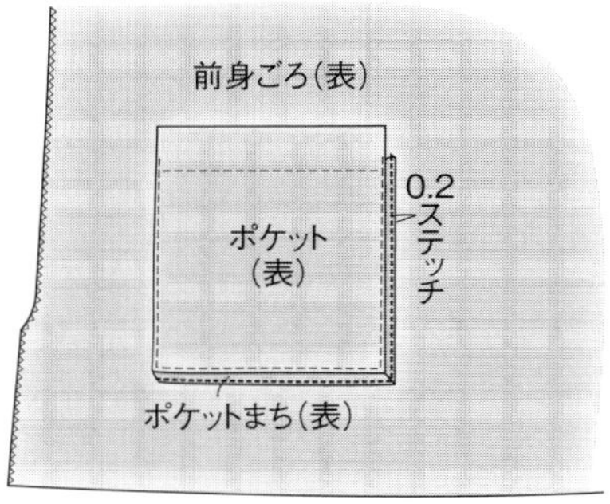

3 前身ごろ表面のポケットつけ位置にポケットを重ね、ポケットをよけながら、ポケットまちのもう一方の長辺と身ごろにステッチをかけて縫い留める。

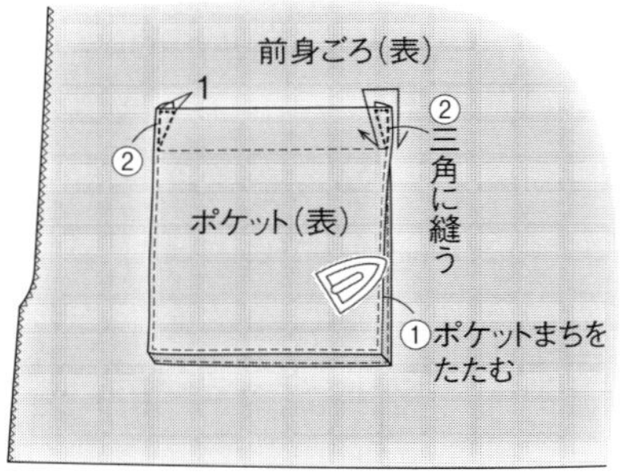

4 まちをたたんでアイロンで整え(①)、ポケット口の角は補強のため三角に縫う(②)。

2 肩を縫う

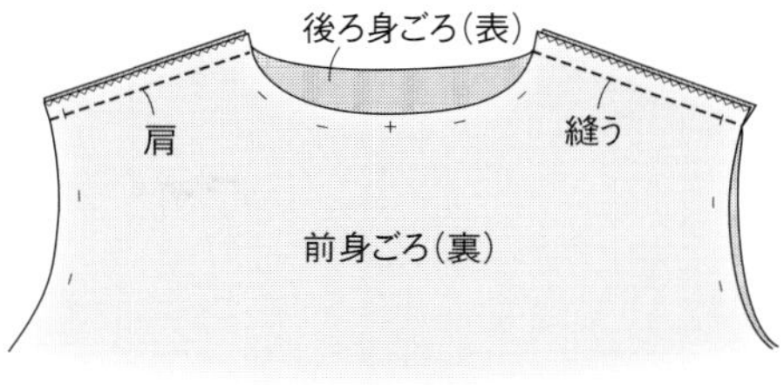

1 前身ごろと後ろ身ごろの肩を中表に合わせて縫う。縫い代はアイロンで割る。

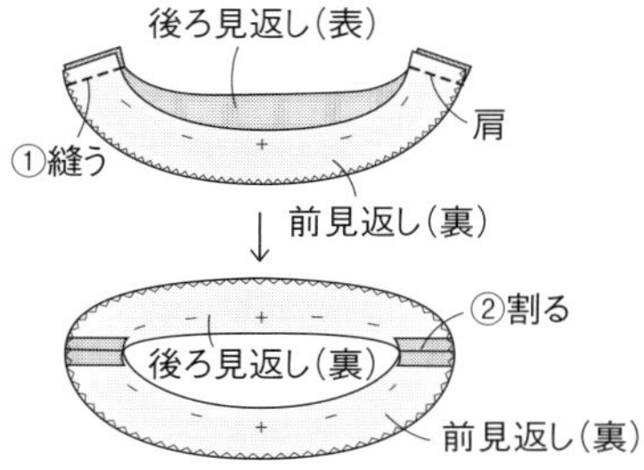

2 前見返しと後ろ見返しの肩を中表に合わせて縫う(①)。縫い代はアイロンで割る(②)。

3 えりぐりを縫う

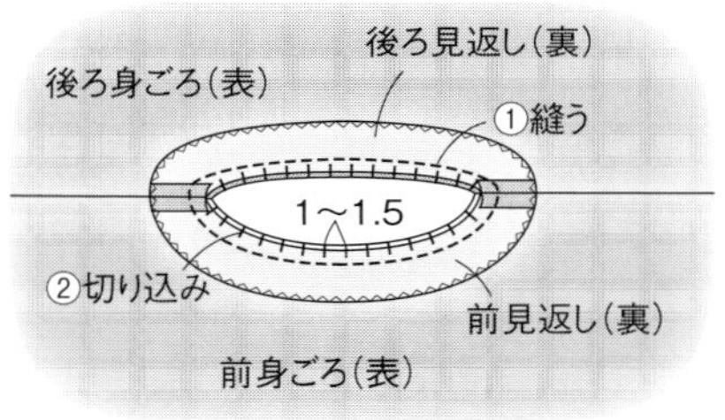

1 身ごろのえりぐりに見返しを中表に合わせ、ぐるりとえりぐりを縫う(①)。えりぐり縫い代のカーブ部分に切り込みを入れる(②)。

A

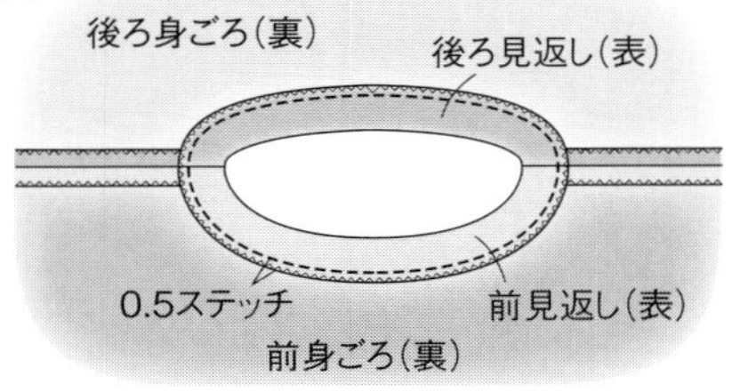

B

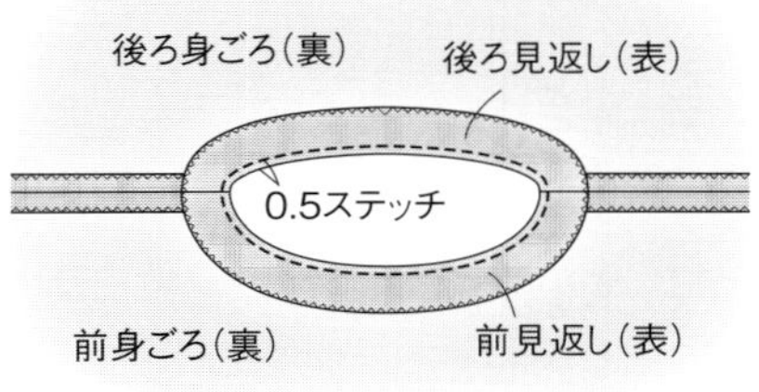

2 見返しを身ごろの裏面に返してアイロンで整え、**A**は見返し端から0.5㎝の位置にステッチをかける。**B**はえりぐりにステッチをかける。

7 すそとスリットあきの始末をする

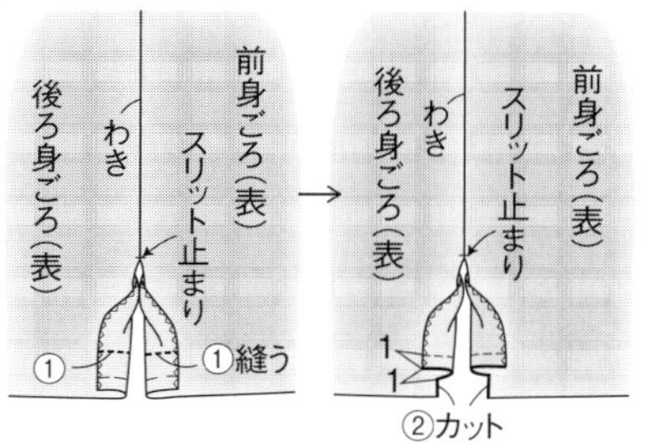

1 すその三つ折りを開き、スリット縫い代を中表に合わせて、すその出来上がり線を縫う(①)。すその余分な縫い代をカットする(②)。

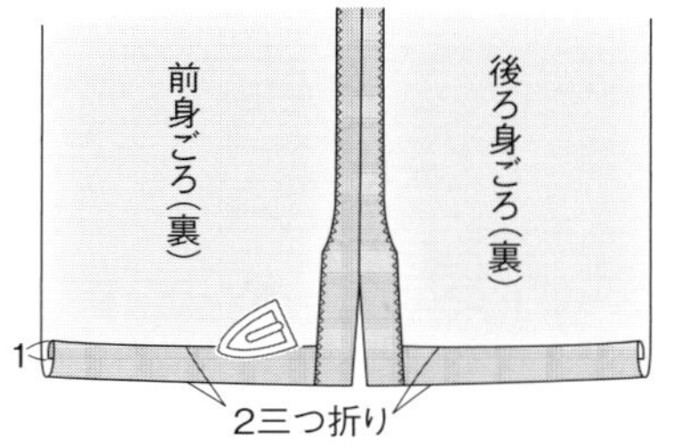

2 スリット縫い代を身ごろの裏面に返して、すその三つ折りを再度整える。

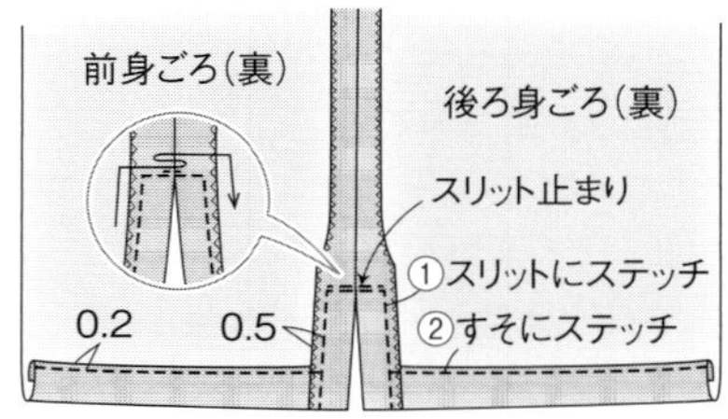

3 スリットあきにステッチをかけ(①)、スリット止まりは返し縫いをする。すそにステッチをかける(②)。出来上がり。

p.14、17
型紙D

05

パンツ

Aストレート
Bスリム
Cワイド(ショート丈・ロング丈)

使用型紙

前パンツ　後ろパンツ　わきポケット布

出来上がり寸法

サイズ		S	M	L	LL
A	ヒップ	109	113	117	123
	パンツ丈	89.5	91.5	93.5	95.5
B	ヒップ	106	110	114	120
	パンツ丈	88.5	90.5	92.5	94.5
C	ヒップ	111	115	119	125
	パンツ丈 ショート	81.5	83.5	85.5	87.5
	パンツ丈 ロング	94.5	96.5	98.5	100.5

材料

A 木綿地　柄布…110㎝幅　220㎝
B 木綿地　馬布…148㎝幅　180㎝
C (ショート丈)ベロア地…140㎝幅　220㎝
(ロング丈)木綿地…120㎝幅　240㎝
ゴムテープ…3㎝幅　適宜

作り方のポイント

＊**A・B・C**は、**C**のベロア地のわきの縫い方が違うが、それ以外の作り方は同じ。
＊毛並みのあるベロア地は逆毛に、柄に方向がある布地は同じ向きに型紙を並べて裁断する。

下準備

わきポケット布の前中央側と底側・また下の縫い代にジグザグミシン(またはロックミシン)をかける。**C**のベロア地はわきの縫い代にもジグザグミシンをかける。

縫い方順序

1 ポケットをつける
2 わきを縫う
Cのベロア地はわきを縫い、
縫い代はアイロンで割る。
3 また下を縫う
4 またぐりを縫う
5 ウエストの始末をし、ゴムテープを通す
6 すその始末をする

裁ち合わせ図

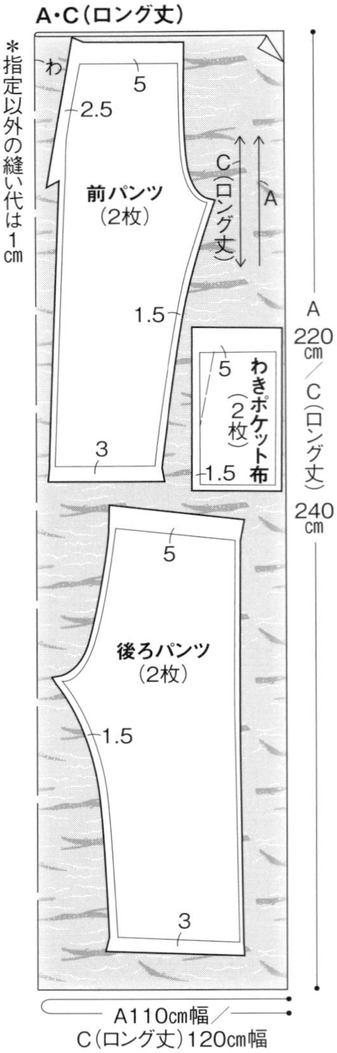

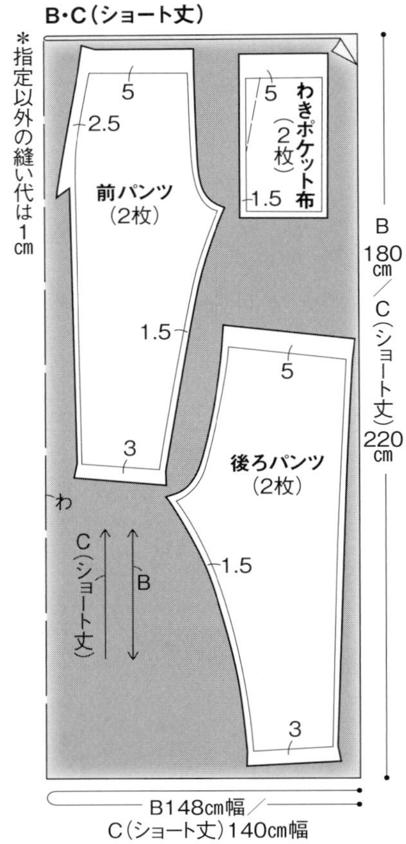

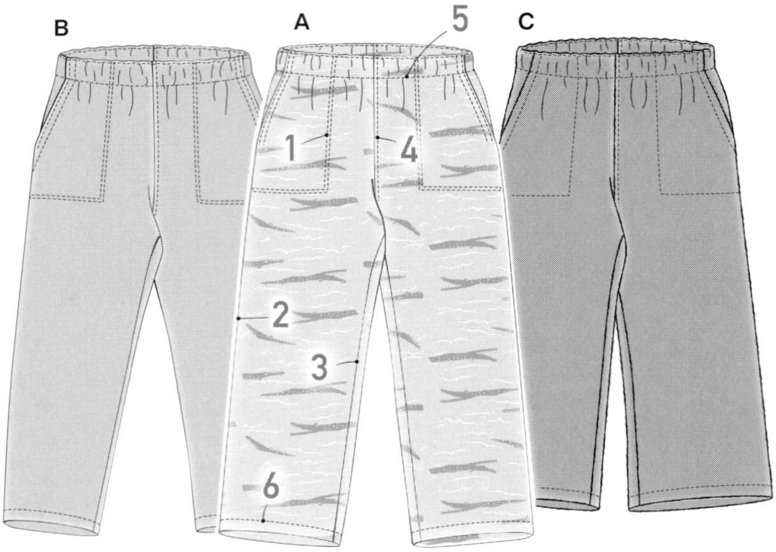

1 ポケットをつける

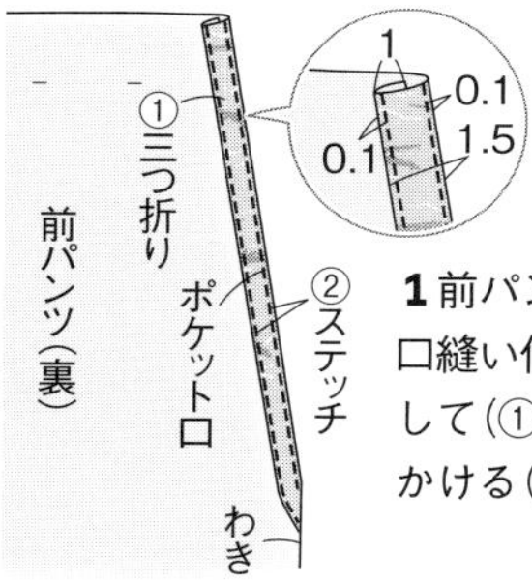

1 前パンツのポケット口縫い代を三つ折りにして(①)、ステッチをかける(②)。

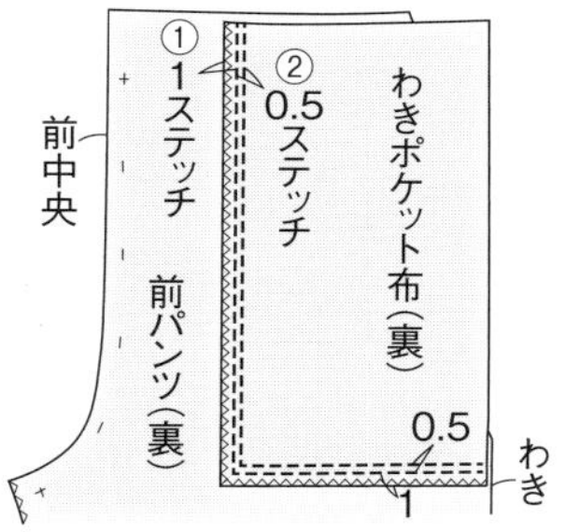

2 前パンツの裏面に、ポケット口位置を合わせてわきポケット布の表面を下側にして重ね、わきポケット布の裏面から前中央側と底側にステッチをかけて縫い留める(①②)。ベロア地は①のステッチのみで縫い留める。

2 わきを縫う

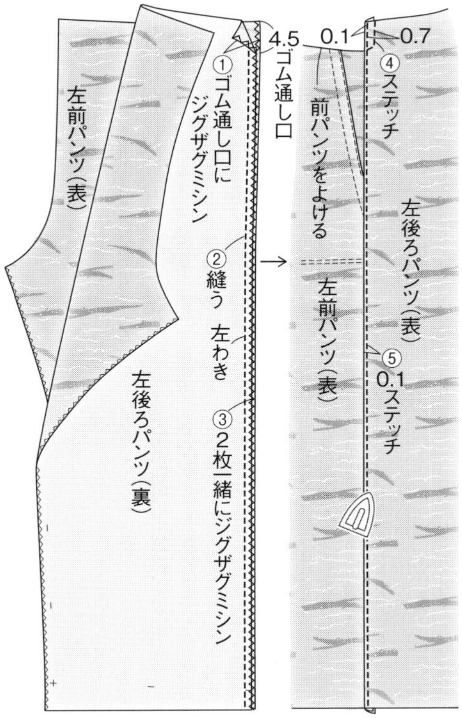

3 また下を縫う

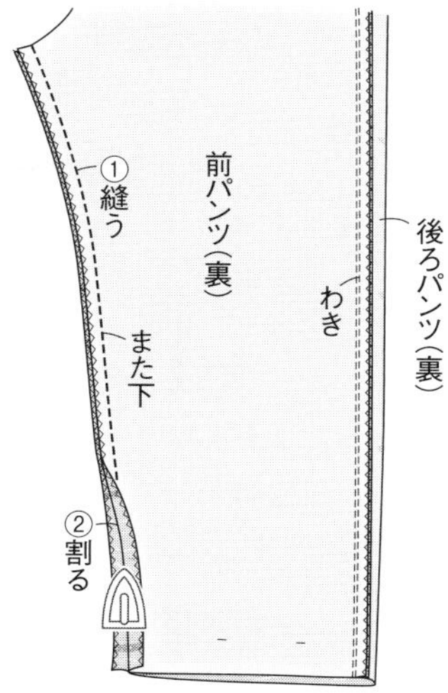

前パンツと後ろパンツのまた下を中表に合わせて縫う(①)。縫い代はアイロンで割る(②)。

4 またぐりを縫う

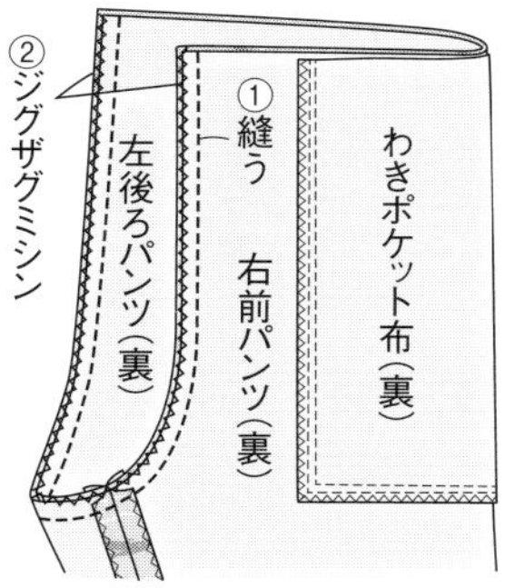

1 左パンツを表に返して右パンツの中に入れ、またぐりを中表に合わせて縫う(①)。縫い代は2枚一緒にジグザグミシンをかける(②)。

木綿地は前パンツと後ろパンツ左わきの、ゴム通し口位置の縫い代にそれぞれジグザグミシンをかける(①)。前パンツと後ろパンツのわきを中表に合わせ、左わきにゴム通し口を残してわきを縫う(②)。ベロア地は縫い代を割る。木綿地は縫い代に2枚一緒にジグザグミシンをかける(③)。ゴム通し口部分の前パンツをよけて後ろわきにステッチをかける(④)。木綿地はわき縫い代を後ろパンツ側にアイロンで倒してステッチをかける(⑤)。右パンツはゴム通し口をあけずに同様に縫う。

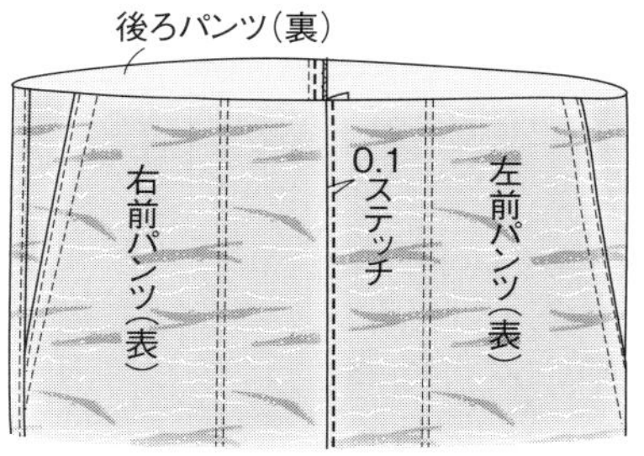

2 またぐり縫い代を左パンツ側に倒し、縫い目のきわにステッチをかける。

5 ウエストの始末をし、ゴムテープを通す

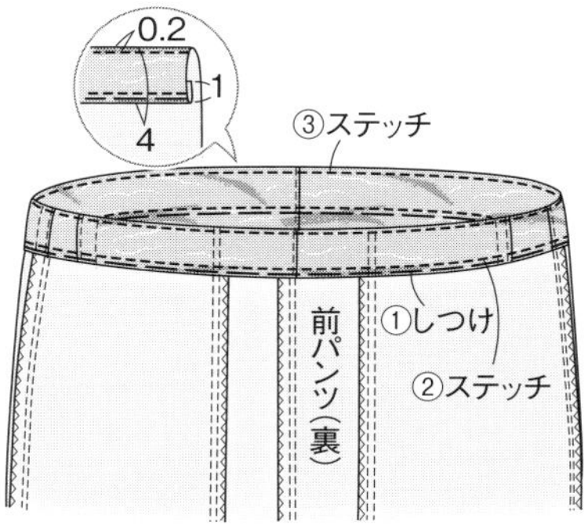

1 ウエスト縫い代を三つ折りにし、折り山のきわにしつけをかける(①)。表面からしつけのきわとウエストの折り山のきわにステッチをかける(②③)。しつけは抜く。

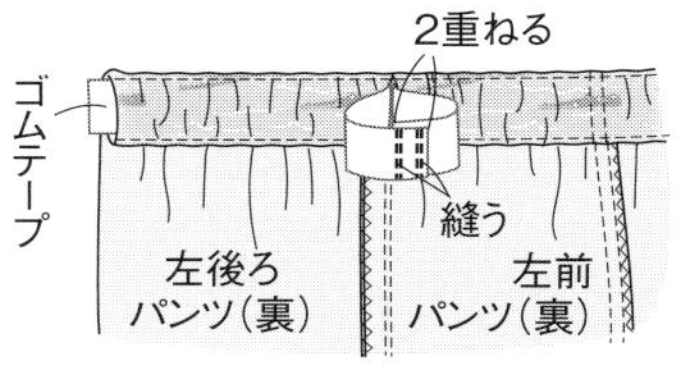

2 左わきのゴム通し口からゴムテープを通す。ゴムテープは試着をして長さを決め、2㎝の縫い代を加えてカットし、端は2㎝重ねて縫い留める。ウエストのギャザーを均等に整える。

6 すその始末をする

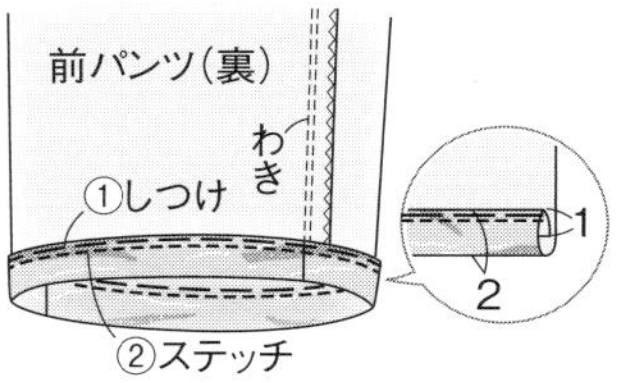

すそ縫い代を三つ折りにして折り山のきわにしつけをかける(①)。表面からしつけのきわにステッチをかける(②)。しつけは抜く。出来上がり。

p. 16
型紙 A

06

Vネックワンピース

使用型紙

前身ごろ　後ろ身ごろ　そで　前見返し　後ろ見返し

出来上がり寸法

サイズ	S	M	L	LL
バスト	99	103	107	113
着丈	94.5	94.5	94.5	94.5
そで丈	48.5	48.5	48.5	48.5

裁ち合わせ図

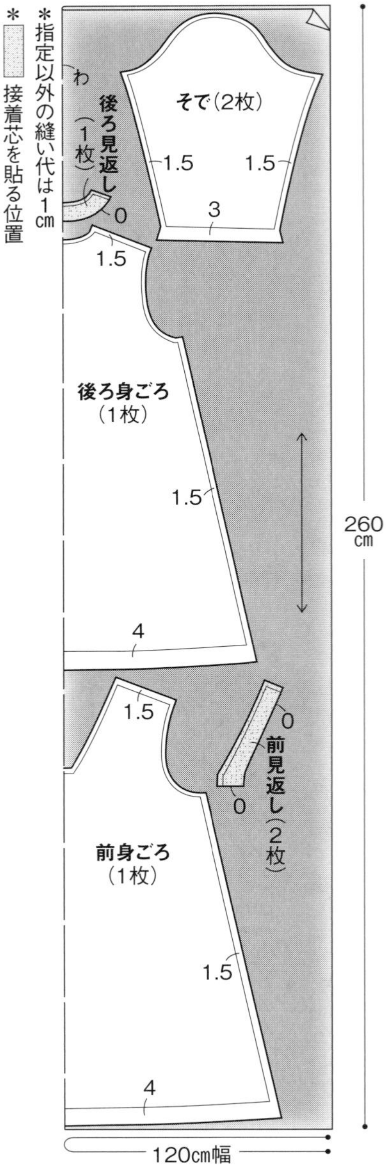

材料

木綿地…120cm幅　260cm
薄手接着芯…50×30cm

下準備

＊前・後ろ見返しの裏面に薄手接着芯を貼る。
＊肩・わき・そで下の縫い代、前・後ろ見返しの外回りにジグザグミシン（またはロックミシン）をかける。
＊縫い代は、すそは3cm幅に、そで口は2cm幅にアイロンで三つ折りにする。

縫い方順序

1 肩を縫う
2 えりぐりを縫い、タックをたたむ
3 そでをつける
4 そで下～わきを縫う
5 そで口の始末をする
6 すその始末をする

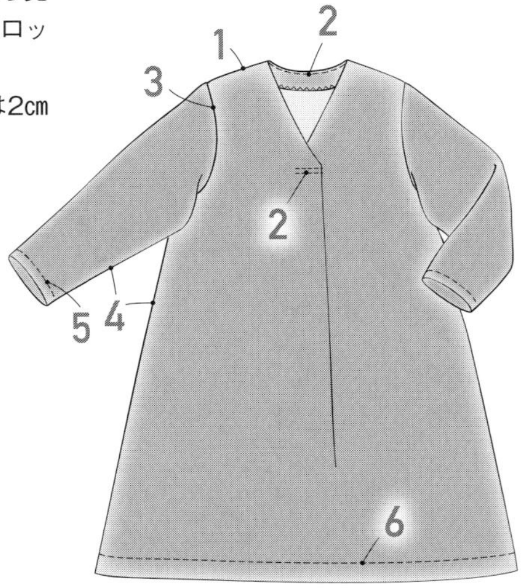

1 肩を縫う

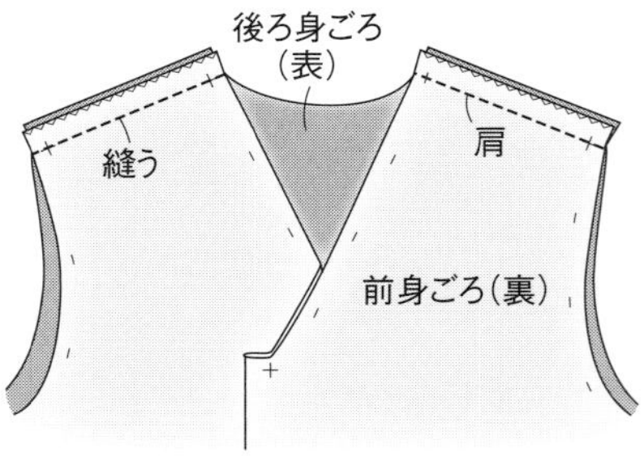

1 前身ごろと後ろ身ごろの肩を中表に合わせて縫う。縫い代はアイロンで割る。

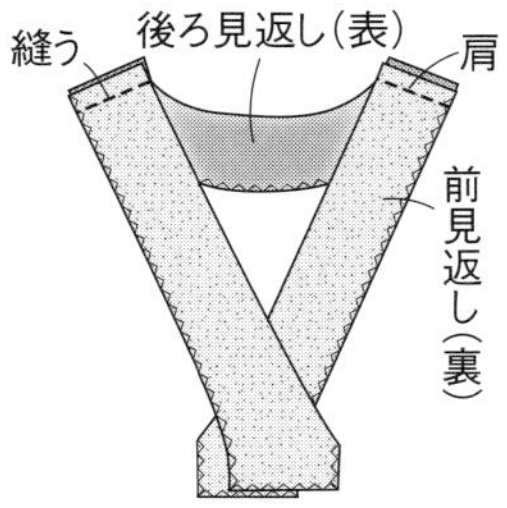

2 前見返しと後ろ見返しの肩を中表に合わせて縫う。縫い代はアイロンで割る。

2 えりぐりを縫い、タックをたたむ

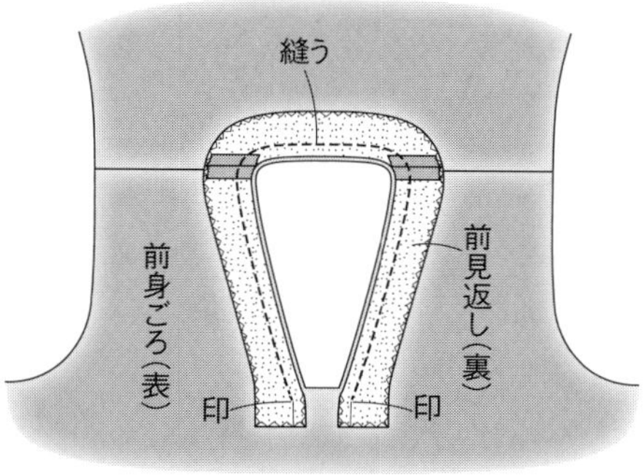

1 身ごろのえりぐりに見返しを中表に合わせ、前側の印〜印を縫う。

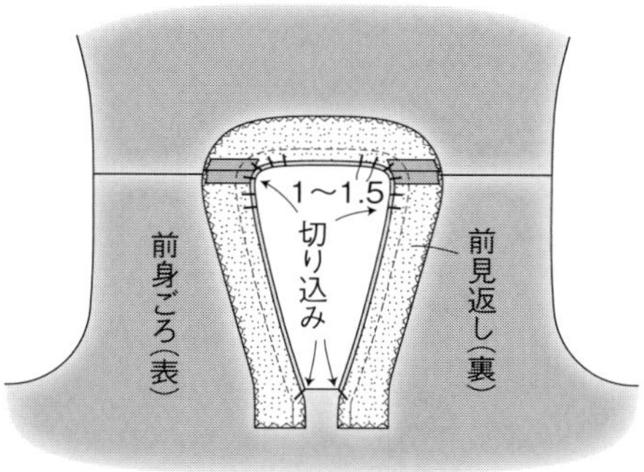

2 前えりぐりのひだ山の角とえりぐり縫い代のカーブ部分に切り込みを入れる。

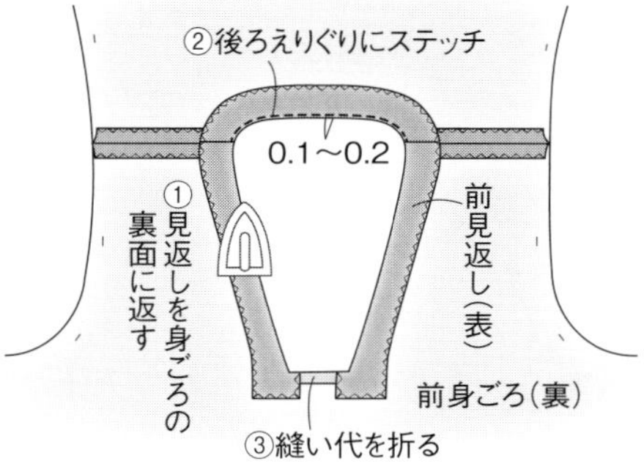

3 見返しを身ごろの裏面に返してアイロンで整え(①)、後ろえりぐりにステッチをかける(②)。前中央の縫い代を裏面に折る(③)。

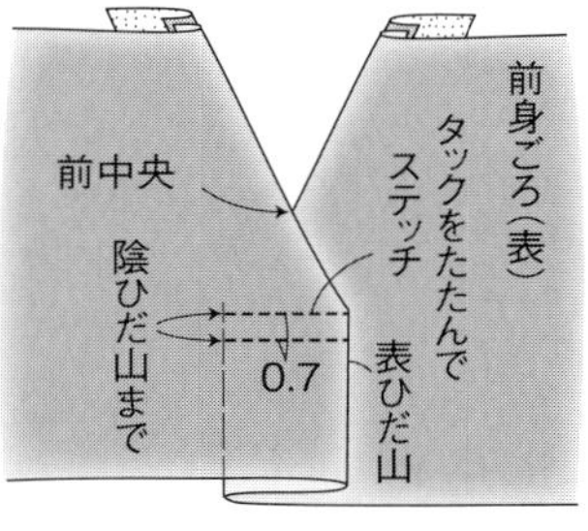

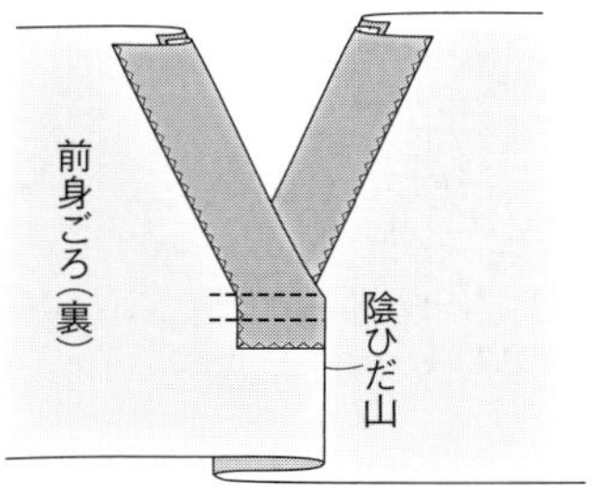

4 右身ごろが上になるように前中央のタックをたたんで、表ひだ山〜陰ひだ山にステッチを2本かける。

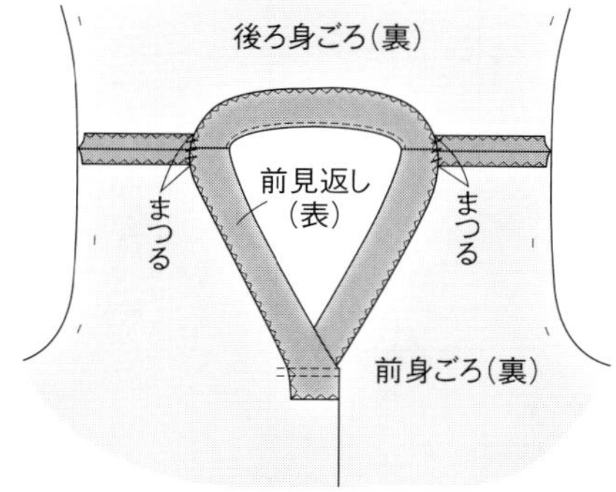

5 見返し端を肩の縫い代にまつる。

3 そでをつける

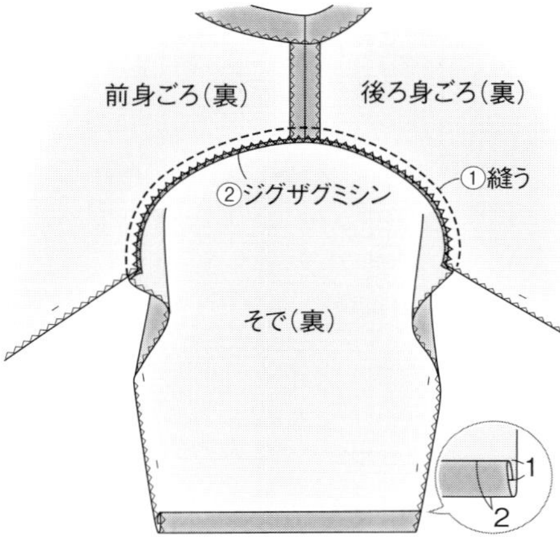

身ごろのそでぐりにそでを中表に合わせて縫い(①)、縫い代は2枚一緒にジグザグミシンをかける(②)。縫い代はアイロンでそで側に倒す。

4 そで下〜わきを縫う

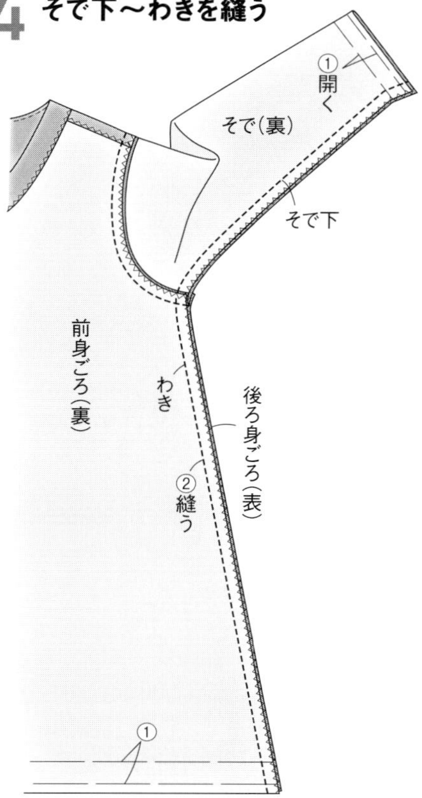

前・後ろ身ごろのすそ、そで口の三つ折りを開き(①)、そで下と前・後ろ身ごろのわきを中表に合わせて、そで下〜わきを縫う(②)。縫い代はアイロンで割る。

5 そで口の始末をする

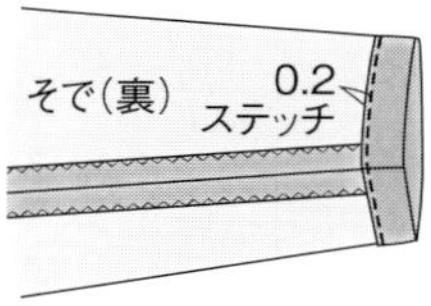

そで口の三つ折りを再度整え、ステッチをかける。

6 すその始末をする

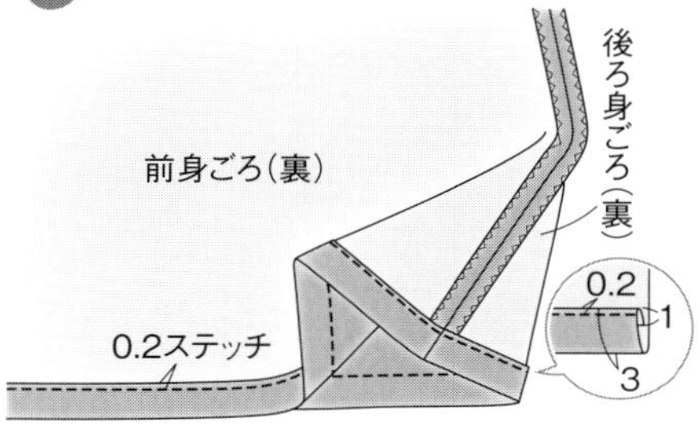

すその三つ折りを再度整え、ステッチをかける。出来上がり。

p. 20
型紙B

08

ジップアップパーカー

Aショート丈
Bロング丈

使用型紙
前身ごろ　後ろ身ごろ　そで　フード　前見返し　袋布a・b

出来上がり寸法

サイズ		S	M	L	LL
バスト		123	129	133	139
着丈	A	74	76	77.5	79.5
	B	91	93	94.5	96.5
そで丈		58.5	58.8	59.2	59.5

材料
Aナイロン地…130㎝幅
　S・M270㎝／L・LL280㎝
オープンファスナー…60㎝　1本
B木綿地　馬布…148㎝幅　260㎝
オープンファスナー…63㎝　1本

作り方のポイント
＊**A**と**B**は着丈が違うだけで、作り方は同じ。
＊えりぐり用バイアス布は型紙を作らずに、裁ち合わせ図の寸法で直接布を裁つ。
＊袋布a・bは同じ型紙を使い、縫い代のつけ方をかえて布を裁つ。
＊ファスナー押さえを用意し、ファスナーを縫うときは押さえ金をファスナー押さえにかえる。

下準備
＊肩・わき・そで下・袋布ａ・ｂのわきの縫い代にジグザグミシン（またはロックミシン）をかける。
＊縫い代は、すそは3㎝幅に、そで口は2㎝幅にアイロンで三つ折りにする。

縫い方順序
1 肩を縫う
2 フードを作り、つける
3 前端にファスナーをつける
4 そでをつける
5 そで下～わきを縫い、ポケットを作る
6 そで口の始末をする
7 すその始末をする

裁ち合わせ図

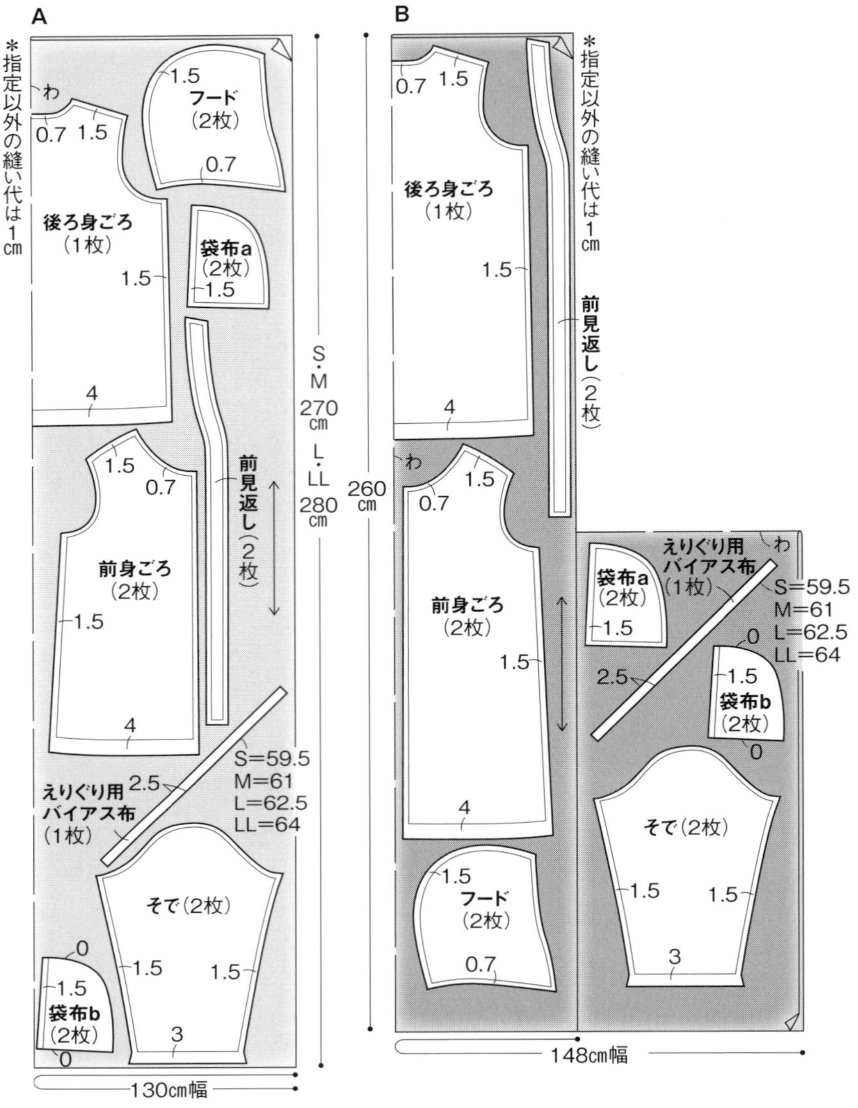

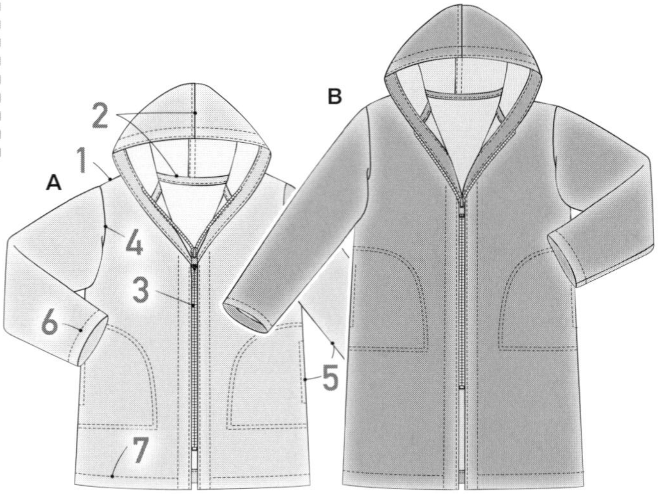

1 肩を縫う

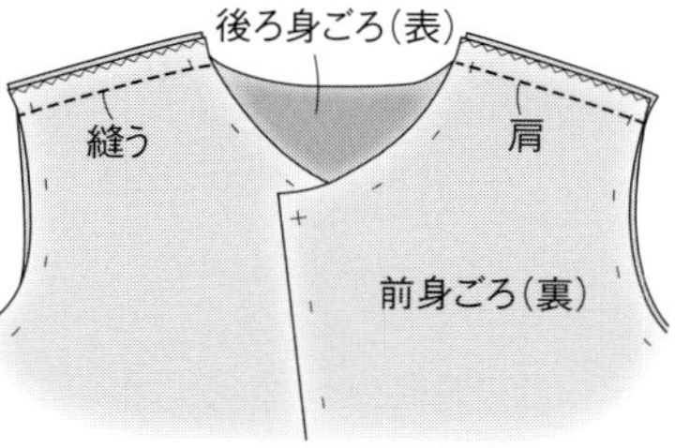

前身ごろと後ろ身ごろの肩を中表に合わせて縫う。縫い代はアイロンで割る。

2 フードを作り、つける

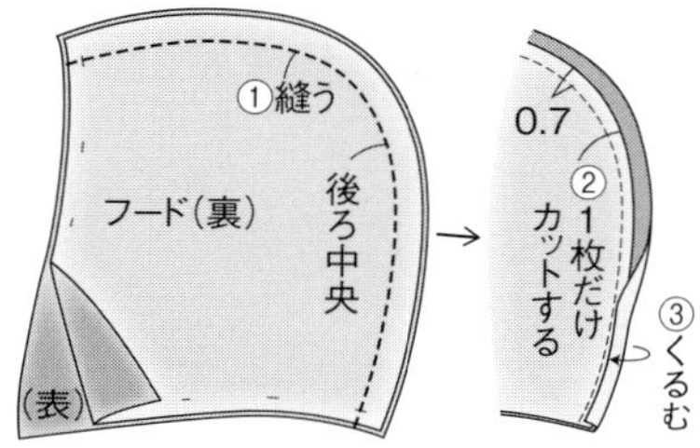

1 フード2枚の後ろ中央を中表に合わせて縫う(①)。縫い代を1枚だけ0.7㎝にカットし(②)、広いほうの縫い代で狭いほうの縫い代をくるむ(③)。

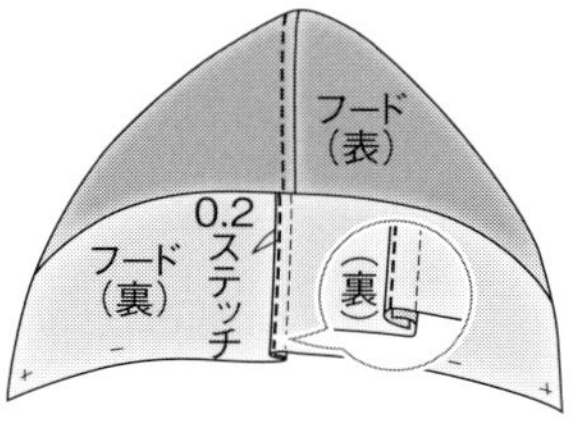

2 くるんだ縫い代を片側に倒してステッチをかけ(折り伏せ縫い)、表に返す。

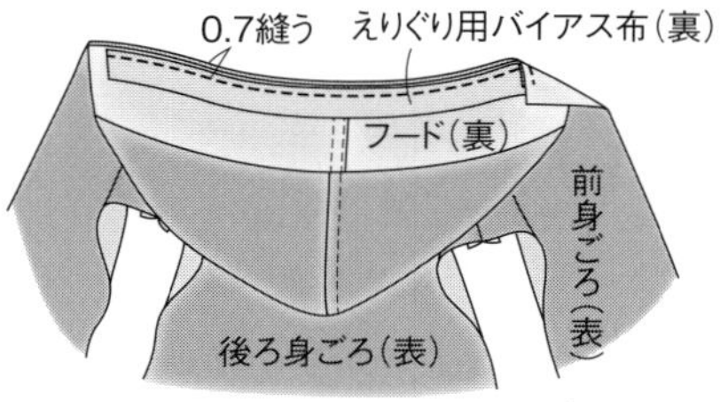

3 身ごろとフードを中表に合わせ、フード側にえりぐり用バイアス布の表面を下にして重ね、えりぐりを縫う。

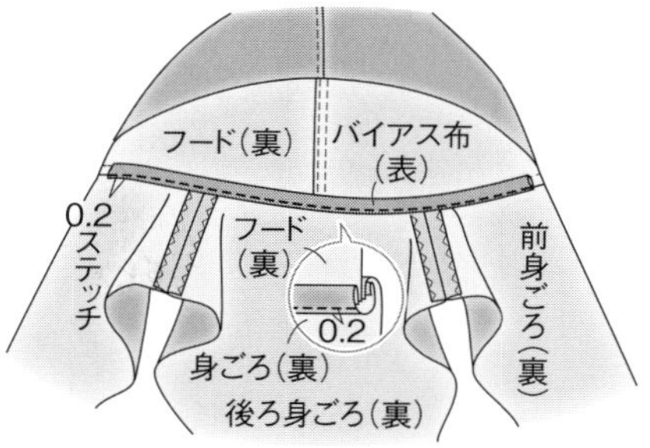

4 えりぐり縫い代を身ごろ側に倒す。バイアス布を折って縫い代をくるみ、ステッチをかける。

3 前端にファスナーをつける

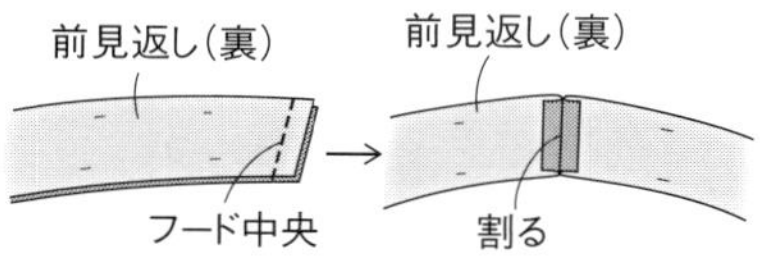

1 前見返し2枚のフード中央を中表に合わせて縫う。縫い代はアイロンで割る。

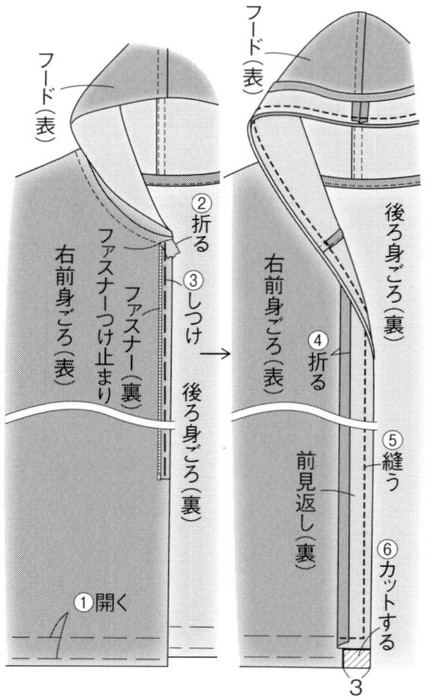

2 すその三つ折りを開く(①)。ファスナーのテープの上端を折り(②)、身ごろの前端にえりぐりのファスナーつけ止まりから中表に重ねてしつけをかける(③)。左前身ごろにも同様にファスナーをつける。前見返しの外回りの縫い代を折り(④)、身ごろと中表に合わせて前すそ〜前端、フード口を縫う(⑤)。前すその縫い代の余分をカットする(⑥)。しつけは抜く。

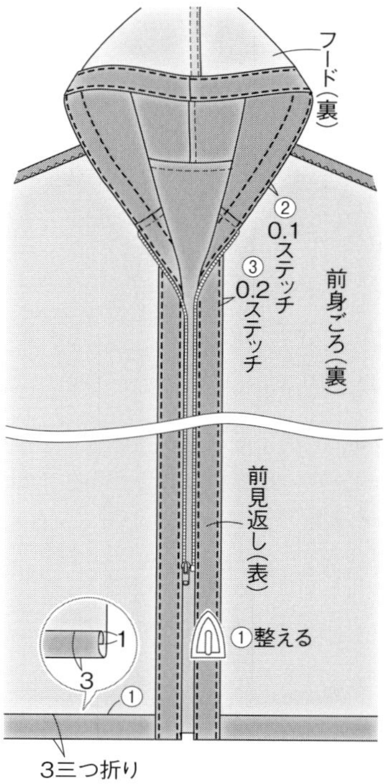

3 前見返しを身ごろの裏面に返してアイロンで整え、すその三つ折りを再度整えて(①)、前端〜フード口、見返し端にステッチをかける(②③)。

4 そでをつける

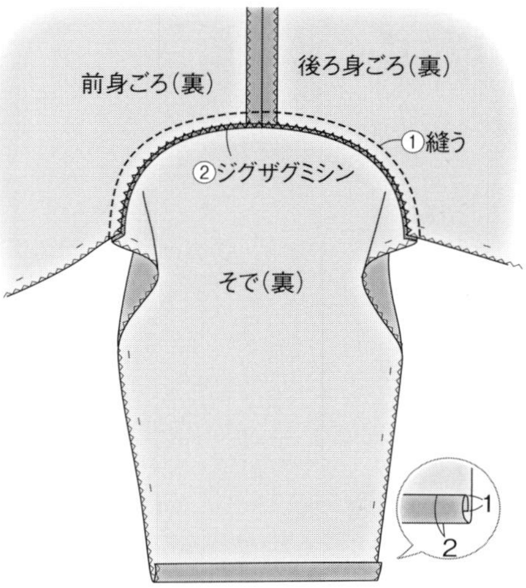

身ごろのそでぐりにそでを中表に合わせて縫い(①)、縫い代は2枚一緒にジグザグミシンをかける(②)。縫い代はそで側にアイロンで倒す。

5 そで下〜わきを縫い、ポケットを作る

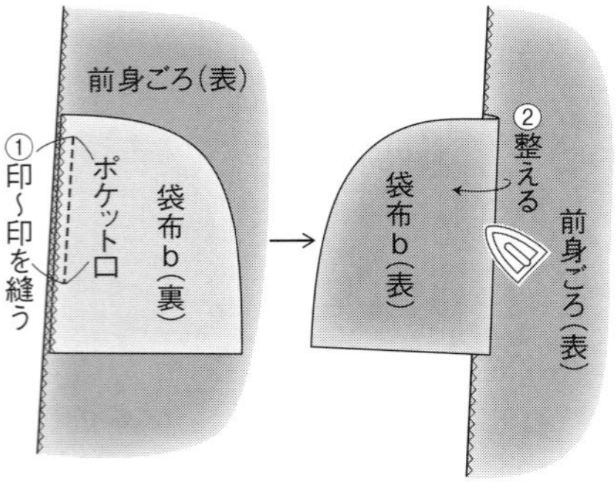

1 前身ごろのポケット口に袋布bを中表に合わせ、印〜印を縫う(①)。袋布を表に返し、わきをアイロンで整える(②)。

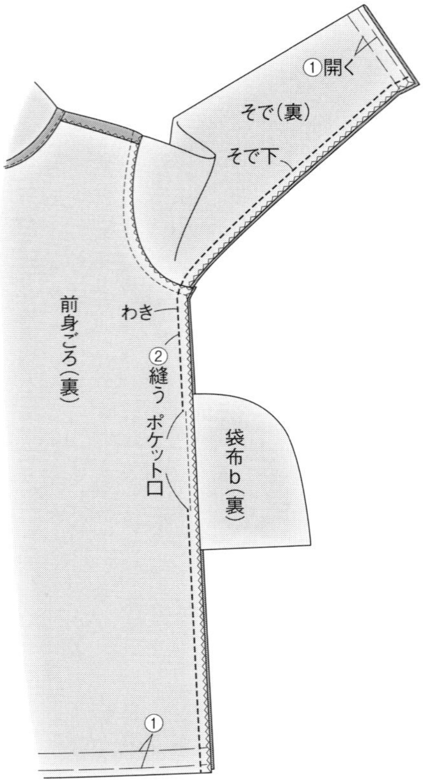

2 そで口とすその三つ折りを開く(①)。袋布をよけて、そで下と前・後ろ身ごろのわきを中表に合わせ、ポケット口を残してそで下〜わきを縫う(②)。

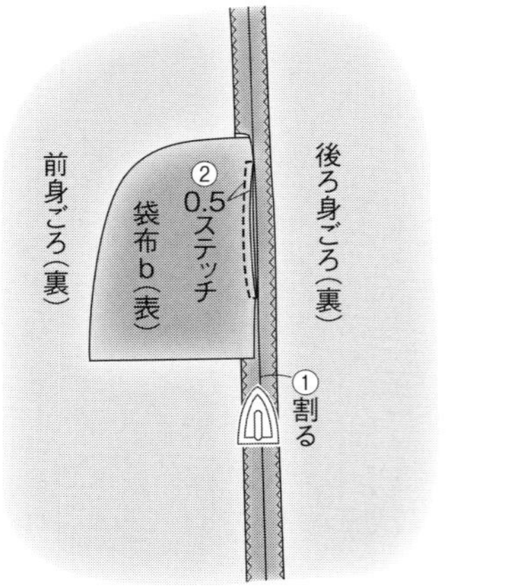

3 そで下〜わきの縫い代をアイロンで割り(①)、前身ごろのポケット口に、前身ごろの表側からステッチをかける(②)。

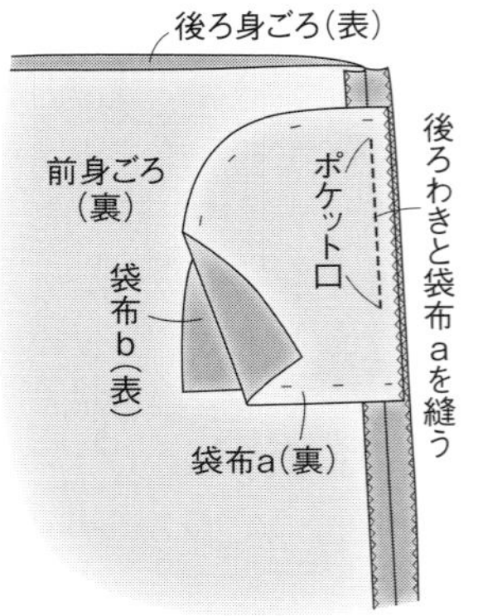

4 前身ごろの裏面に、ポケット口の位置を合わせて袋布aを中表に重ね、前ポケット口をよけて後ろポケット口を縫う。

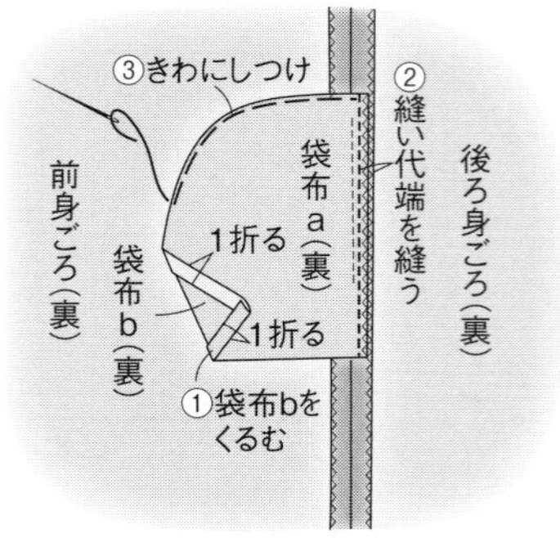

5 袋布aのわき以外の縫い代を表面に折り、袋布bをくるむ(①)。後ろ身ごろをよけて袋布aの縫い代端を後ろわき縫い代に縫い留め(②)、袋布のきわにしつけをかける(③)。

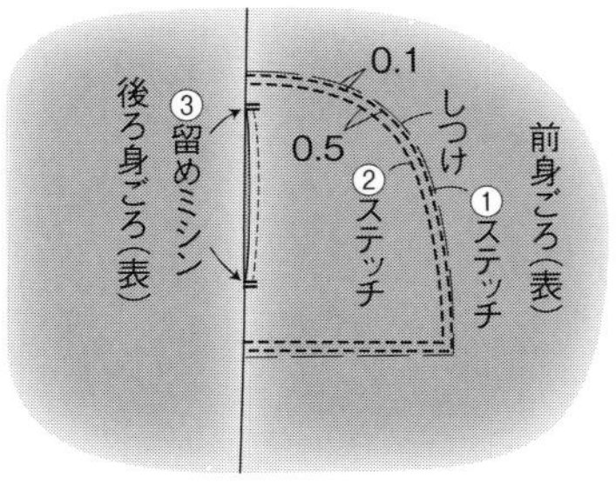

6 前身ごろの表側からしつけの内側にステッチを2本かける(①②)。ポケット口の上下に2〜3回重ねて留めミシンをかける(③)。しつけは抜く。

6 そで口の始末をする

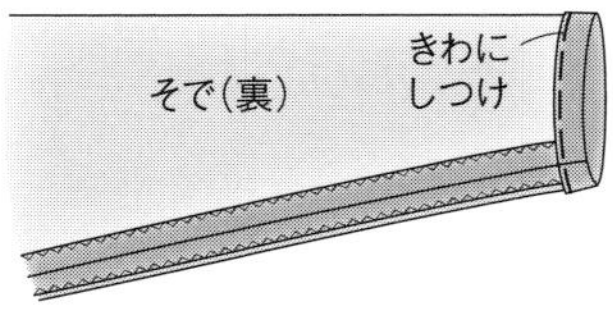

1 そで口の三つ折りを再度整え、縫い代の折り山のきわにしつけをかける。

2 しつけのきわに表側からステッチをかける。しつけは抜く。

7 すその始末をする

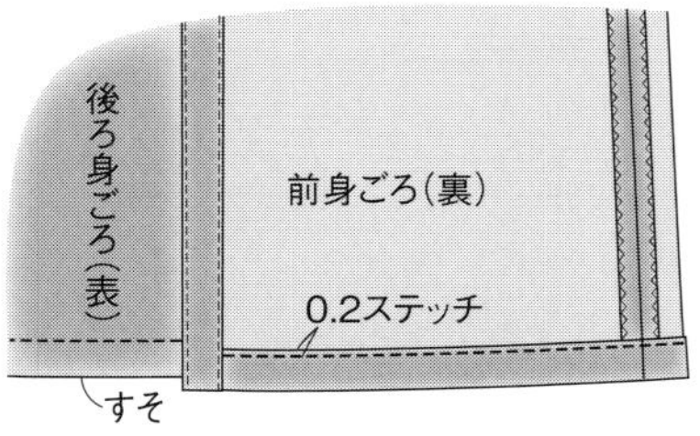

すその三つ折りを再度整え、ステッチをかける。出来上がり。

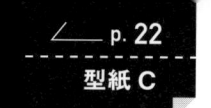

09

ヌビ

Aジャケット
Bベスト

使用型紙

前身ごろ　後ろ身ごろ　そで(Aのみ)　えり(Aのみ)　前見返し　前すそ見返し　後ろすそ見返し　スリット見返し　そで口見返し(Aのみ)　袋布a・b　ヨーヨーキルト(Aのみ)

出来上がり寸法

サイズ	S～M	M～L	L～LL
バスト	110	116	122
着丈	70.5	72	73.5
Aそで丈	49.5	50.5	51.5

材料

Aキルティング地…134cm幅
　S～M・M～L160cm／L～LL170cm
別布　木綿地…90cm幅　90cm
化繊綿…適宜
Bキルティング地…134cm幅
　S～M・M～L90cm／L～LL100cm
別布　木綿地…90cm幅　80cm
バイアステープ(両折りタイプ)
…1.8cm幅　205cm
ボタン…直径1.3cm　6個

作り方のポイント

＊**B**は**A**のえりとそでを省いて市販のボタンをつける。それ以外の作り方は**A**と同じ。
＊玉縁布は型紙を作らずに、裁ち合わせ図の寸法で直接布を裁つ。
＊コの字とじの縫い方は48ページ参照。

下準備

肩・わき(スリット止まりまで)・**A**のそで下の縫い代にジグザグミシン(またはロックミシン)をかける。

縫い方順序

1 ポケットを作る
2 肩を縫う→p.67 1
3 A.前端、すそを縫う
　B.前端、すそ、えりぐりを縫う
4 A.えりを作ってつける
5 A.そでをつける→p.67 4
6 A.そで下～わきを縫う
　B.わきを縫う
7 A.そで口の始末をする
　B.そでぐりを縫う
8 すその始末をする
9 ボタンホールを作り、ボタンをつける

裁ち合わせ図

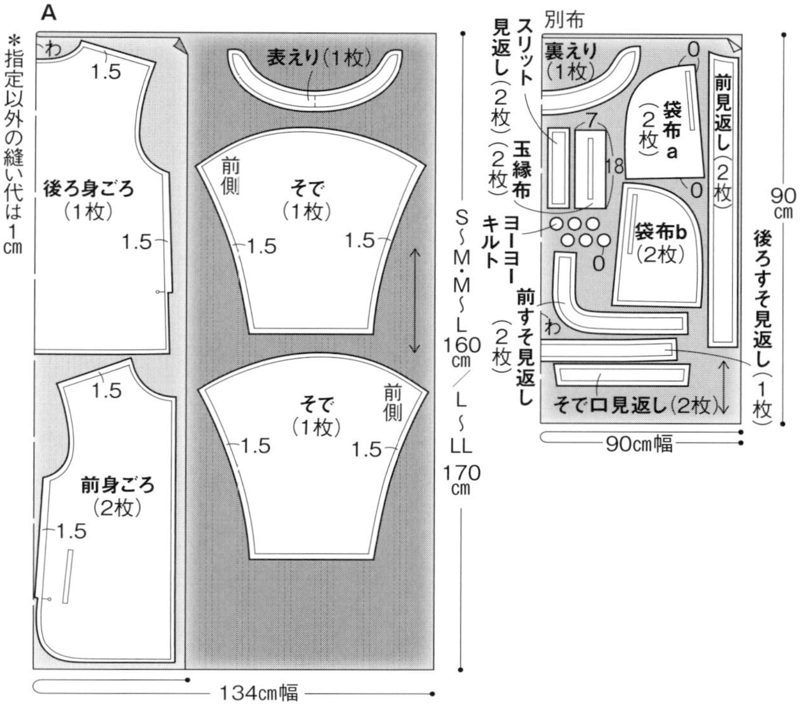

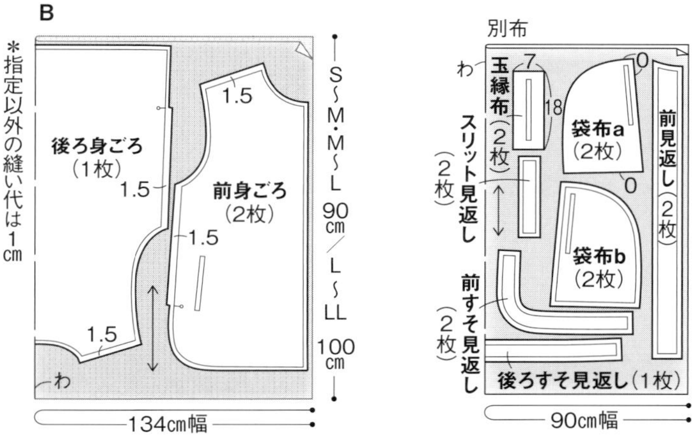

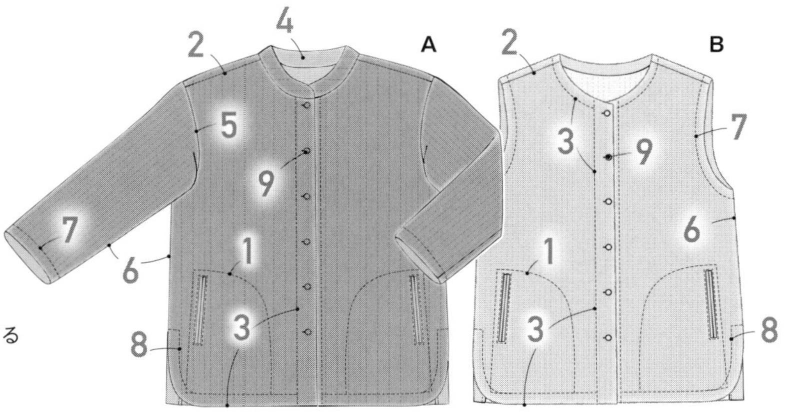

1 ポケットを作る

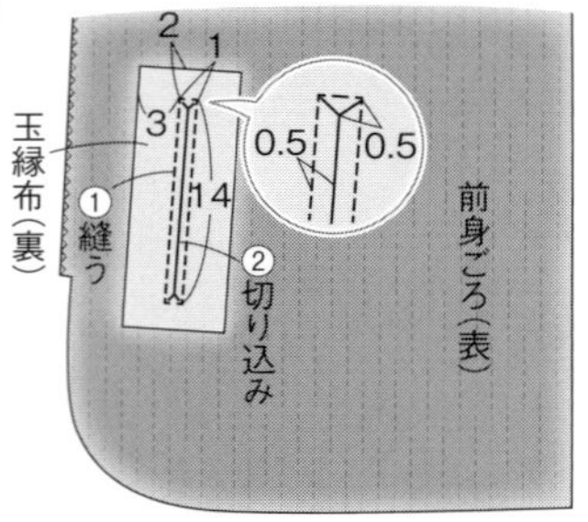

1 前身ごろのポケット口に玉縁布を中表に合わせて四角に縫う(①)。ポケット口の中央に図のように切り込みを入れる(②)。

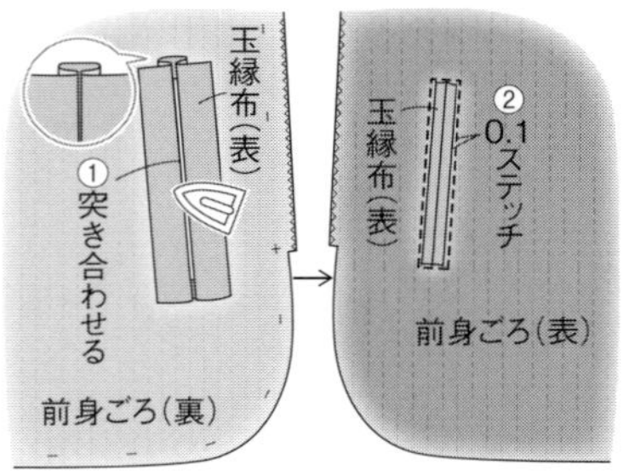

2 玉縁布を**1**の切り込みから前身ごろの裏面に引き出し、中央で突き合わせて折り(①)、アイロンで整える。玉縁布の縫い目のきわに前身ごろの表側からステッチをかける(②)。

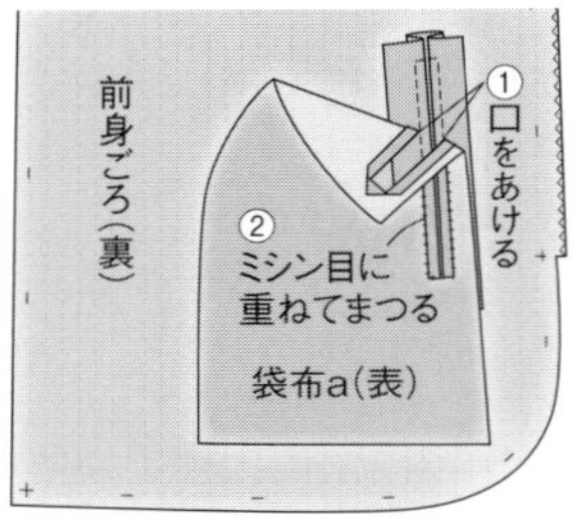

3 袋布ａのポケット口の中央に**1**と同様に切り込みを入れて縫い代を裏面に折り、口をあける(①)。前身ごろ裏面のポケット口位置に袋布ａの口を合わせ、ミシン目に重ねてまつる(②)。

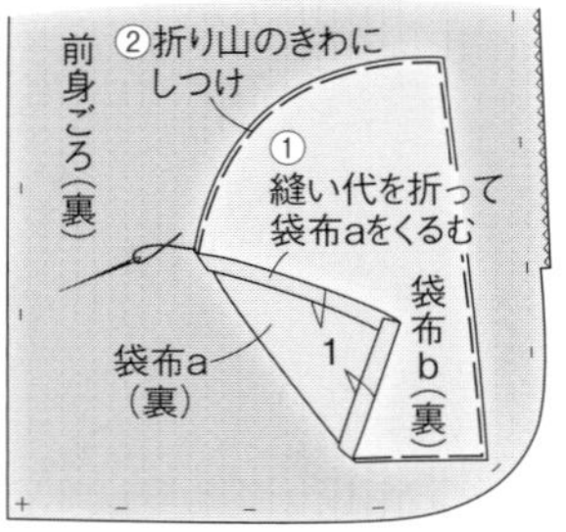

4 袋布ｂの外回りの縫い代を表面に折り、袋布ａをくるむ(①)。袋布ｂの縫い代の折り山のきわにしつけをかける(②)。

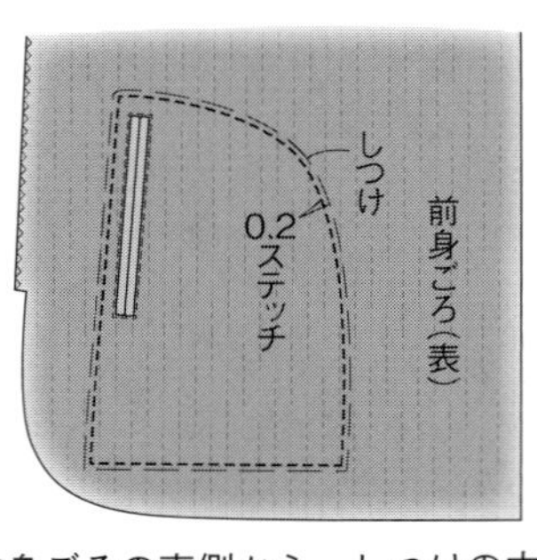

5 前身ごろの表側から、しつけの内側にステッチをかける。しつけは抜く。

3 A.前端、すそを縫う

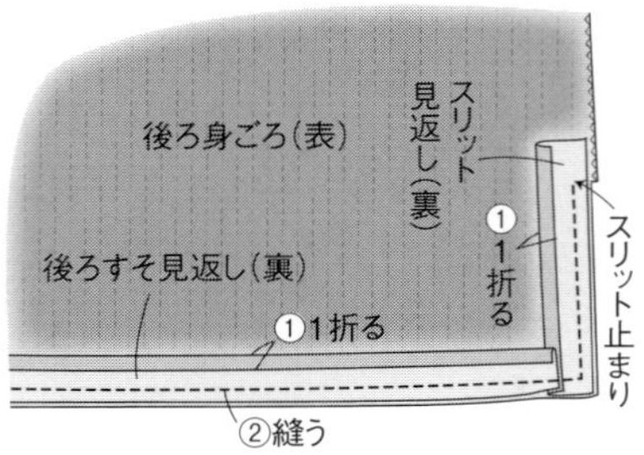

1 後ろ身ごろ表面のすそに、後ろすそ見返しとスリット見返しの長辺の縫い代を折って重ね(①)、スリット止まり〜すそ〜スリット止まりを縫う(②)。

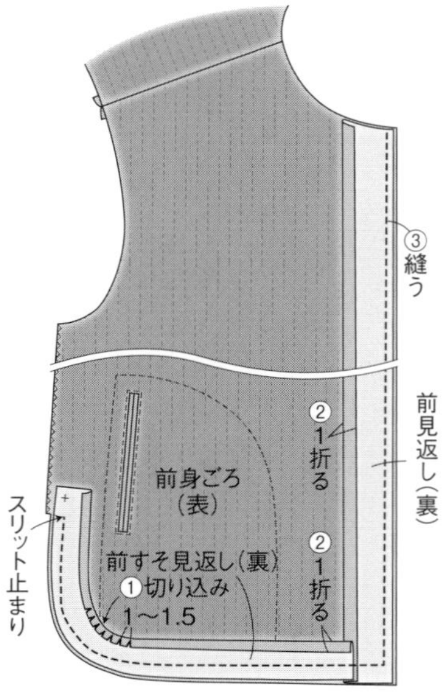

2 前すそ見返しの内側のカーブ部分の縫い代に切り込みを入れ(①)、前身ごろ表面に前見返しと前すそ見返しの内側の縫い代を折って中表に重ねる(②)。前端〜すそをスリット止まりまで縫う(③)。

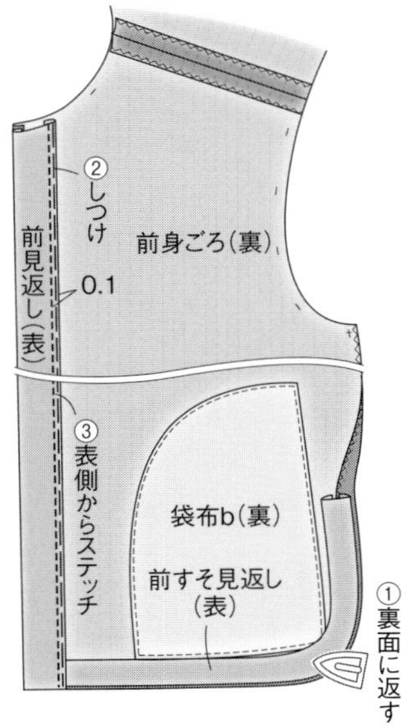

3 前見返しと前すそ見返しを、前身ごろの裏面に返してアイロンで整える(①)。前見返しの端にしつけをかけ(②)、前身ごろの表側から、しつけのきわの前端側にステッチをかける(③)。しつけは抜く。

B.前端、すそ、えりぐりを縫う

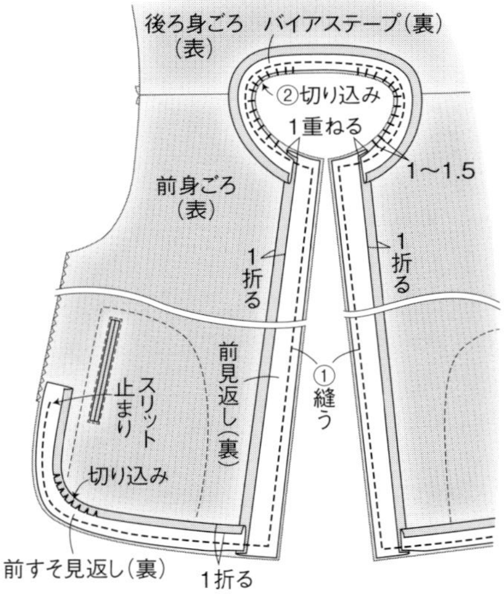

1 3A.1〜2②と同様に、後ろ身ごろに後ろすそ見返しとスリット見返しをつけ、前身ごろに前すそ見返しと前見返しを重ねる。えりぐりにバイアステープの一方の折り目を開いて重ね、すそのスリット止まり〜前端〜えりぐりを縫う(①)。えりぐり縫い代のカーブ部分に切り込みを入れる(②)。

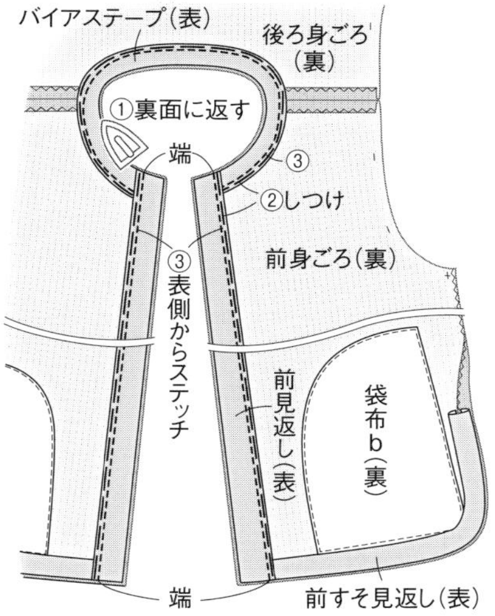

2 前見返しと前すそ見返し、えりぐりのバイアステープを身ごろの裏面に返してアイロンで整える(①)。前見返し、えりぐりのバイアステープの端にしつけをかけ(②)、身ごろの表側から、しつけのきわの前端・えりぐり側にステッチをかける(③)。しつけは抜く。

4 A. えりを作ってつける

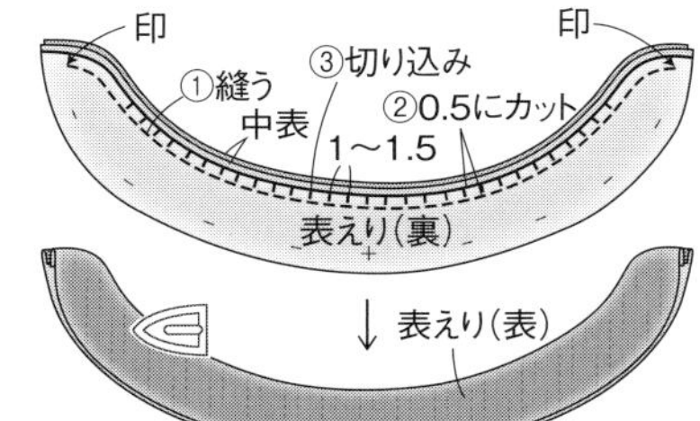

1 表えりと裏えりを中表に合わせて外回りの印～印を縫う(①)。縫い代を0.5cmにカットし(②)、切り込みを入れる(③)。表に返してアイロンで整える。

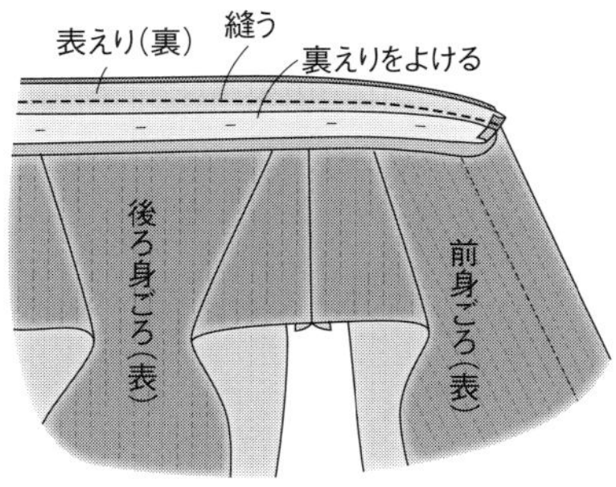

2 身ごろ表面のえりぐりに表えりを中表に合わせ、裏えりをよけて表えりと身ごろを縫い合わせる。

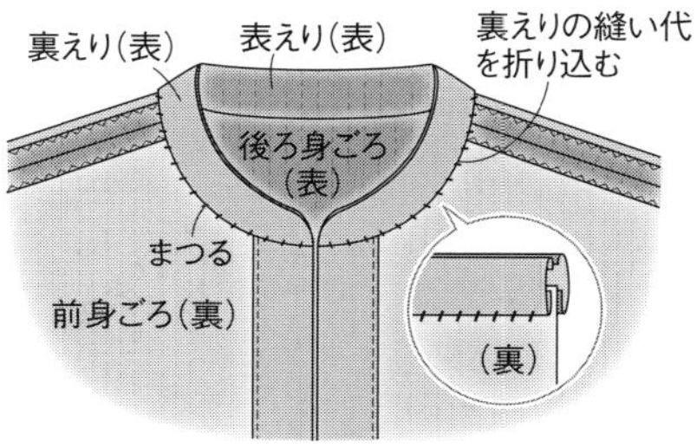

3 えりぐり縫い代をえり側に倒し、裏えり縫い代を折り込んで、身ごろの裏面にまつる。

6 A. そで下～わきを縫う B. わきを縫う

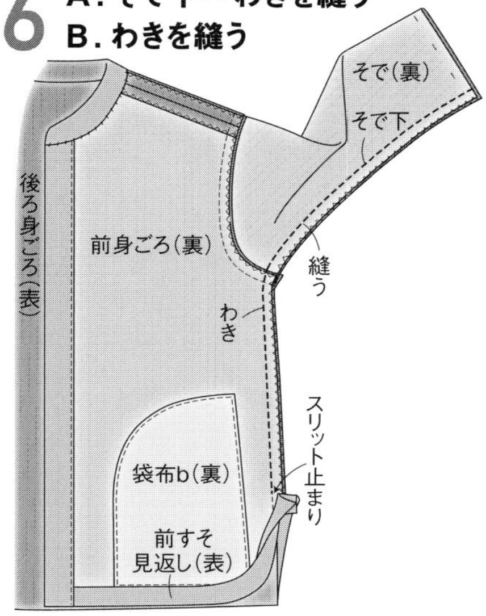

Aはそで下と前・後ろ身ごろのわきを中表に合わせ、見返しをよけてスリット止まりまで縫う。**B**は同じ要領でわきを縫う。縫い代はアイロンで割る。

7 A. そで口の始末をする

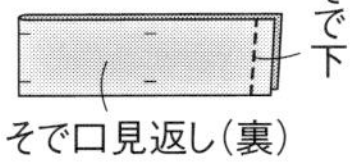

1 そで口見返しを中表に二つ折りにしてそで下を縫い、縫い代は割る。

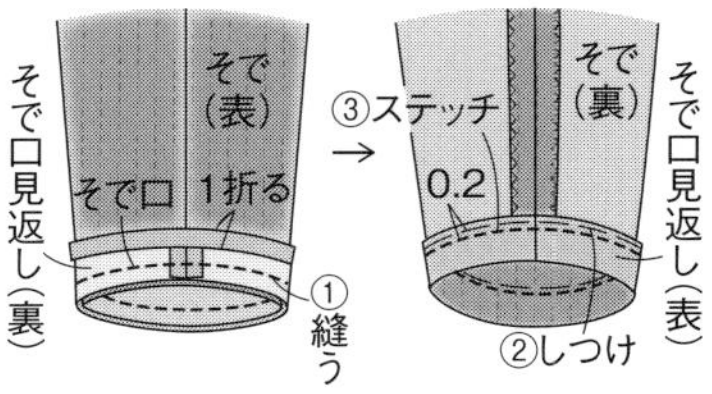

2 そで口見返しの端を折り、そで口に中表に合わせて縫う(①)。そで口見返しをそでの裏面に返し、見返し端にしつけをかけて(②)、表側からしつけのきわにステッチをかける(③)。しつけは抜く。

B. そでぐりを縫う

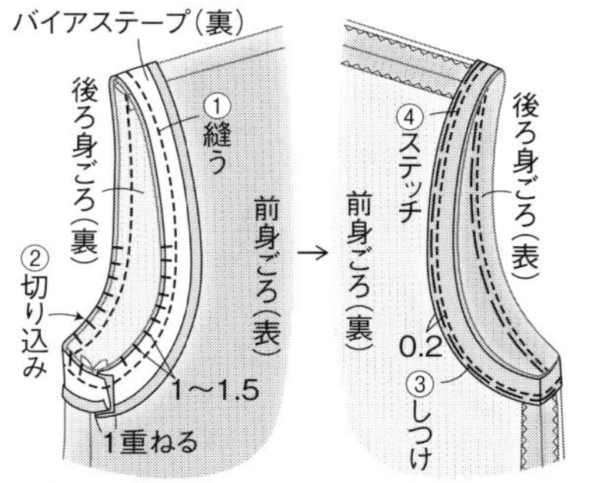

身ごろの表面のそでぐりに、バイアステープの一方の折り目を開いて中表に合わせる。縫い始めを1cm折り、縫い終わりに1cm重ねてぐるりと縫う(①)。カーブ部分の縫い代に切り込みを入れる(②)。バイアステープを身ごろの裏面に返して折り山にしつけをかけ(③)、身ごろの表側からしつけのきわにステッチをかける(④)。しつけは抜く。

8 すその始末をする

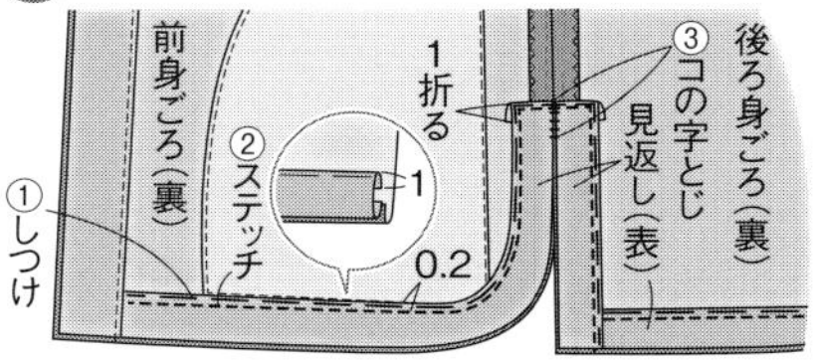

後ろ・前すそ見返し、スリット見返しの端にしつけをかけ(①)、身ごろの表側からしつけのきわにステッチをかける(②)。前すそ見返しとスリット見返しのスリット止まりから上をコの字とじする(③)。しつけは抜く。

9 ボタンホールを作り、ボタンをつける

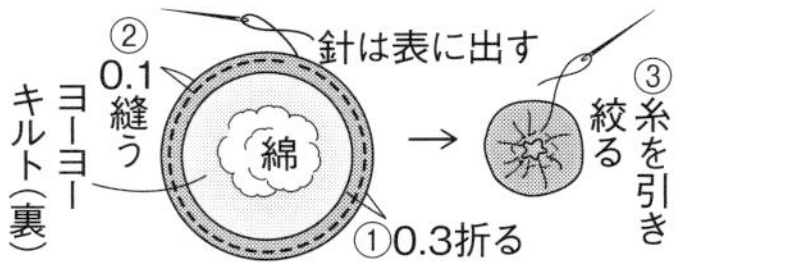

1 Aはヨーヨーキルトでボタンを作る。ヨーヨーキルトの布端を折り(①)、周囲をぐし縫いする(②)。中に化繊綿を入れて、糸を引き絞って縫い留める(③)。6個作る。

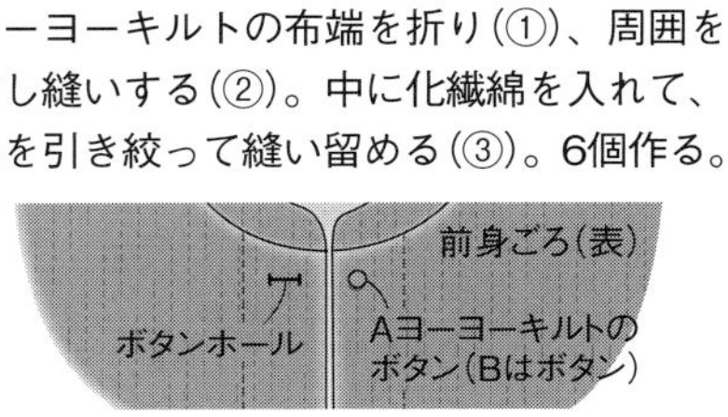

2 ミシンの機能を使ってボタンホールを作り、ボタンをつける。出来上がり。

p.24
型紙D

10

かっぽう着

Aパッチワーク
Bストライプ

使用型紙

A 前身ごろ　後ろ身ごろ　後ろ見返し　えりぐり見返し　ポケット　そで上側　右そで下側　左そで下側中央　左そで下側前・後ろ（1枚は型紙を裏返す）

B 前身ごろ　後ろ身ごろ　そで　後ろ見返し　えりぐり見返し　ポケット

出来上がり寸法

バスト	着丈	ゆき丈
約132	104	約77

材料

A

木綿無地…110cm幅　290cm
木綿柄布a…55×30cm
木綿柄布b…25×30cm
木綿柄布c・d…各20×30cm
木綿柄布e・f・g…各12×25cm
ゴムテープ…0.8cm幅　22cm　2本

B

木綿ストライプ…110cm幅　340cm
木綿チェック…38×25cm
ゴムテープ…0.8cm幅　22cm　2本

作り方のポイント

＊A・Bともひもは型紙を作らずに、裁ち合わせ図の寸法で直接布を裁つ。
＊Aはそでをパッチワークで作る。それ以外の作り方はBと同じ。

下準備

わきとそで下（Bのみ）の縫い代、後ろ・えりぐり見返しの外回りにジグザグミシン（またはロックミシン）をかける。

裁ち合わせ図

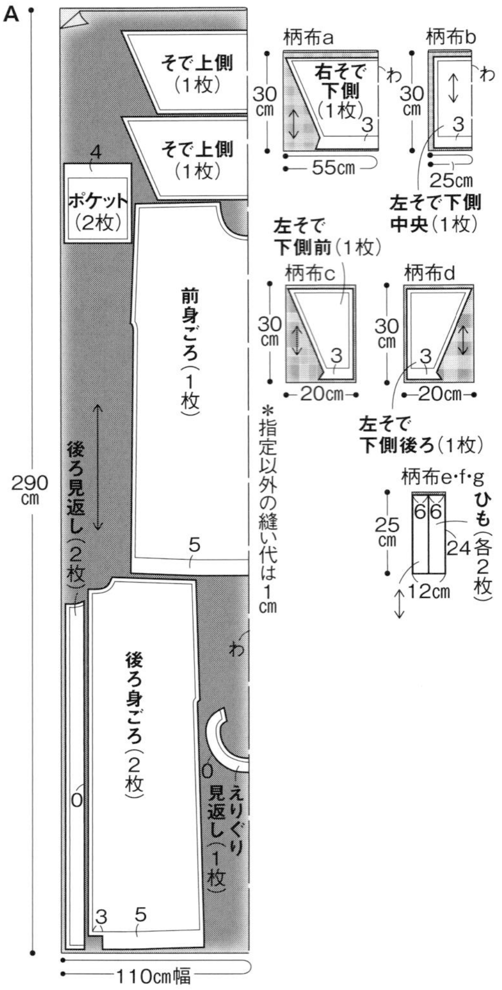

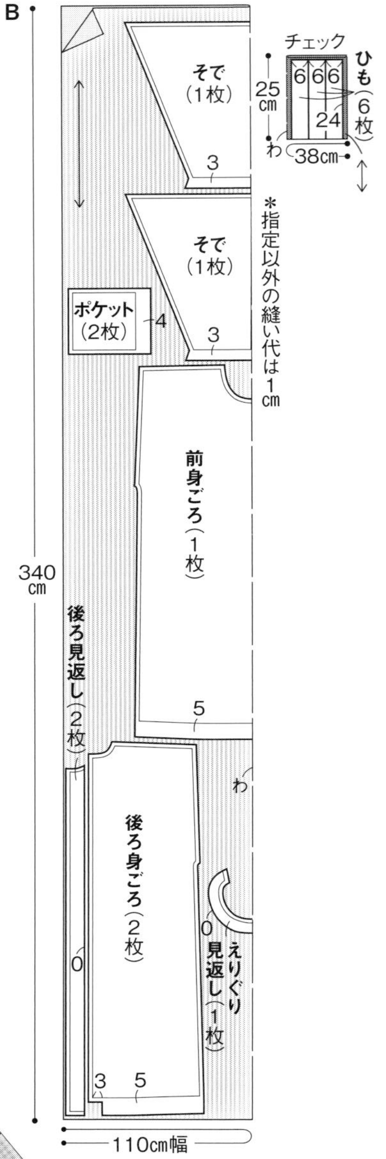

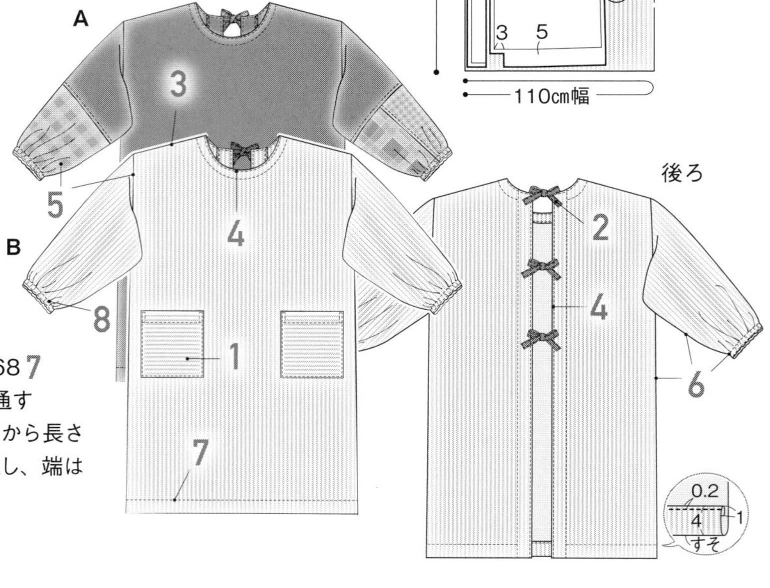

縫い方順序

1 ポケットをつける
2 ひもを作って仮留めする
3 肩を縫う
4 後ろ端～えりぐりを縫う
5 そでを作り（Aのみ）、そでをつける
6 そで下～わきを縫い、そで口を縫う
7 すその始末をする→p.68 7
8 そで口にゴムテープを通す
→そで口のゴム通し口から長さ22cmのゴムテープを通し、端は1cm重ねて縫い留める。

1 ポケットをつける

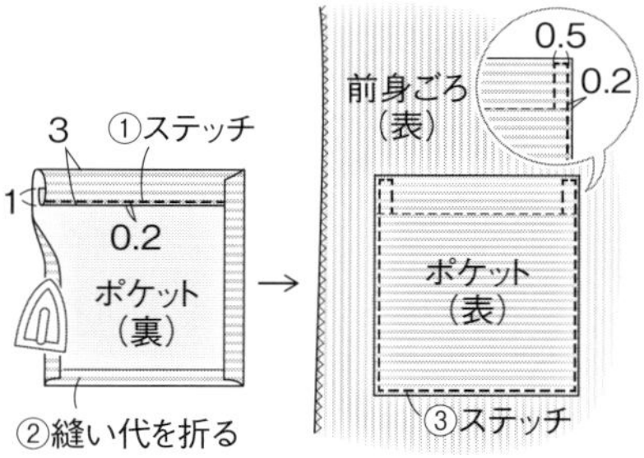

ポケット口の縫い代を三つ折りにしてステッチをかけ（①）、ポケット口以外の縫い代をアイロンで裏面に折る（②）。前身ごろのポケットつけ位置に、ステッチで縫い留める（③）。

2 ひもを作って仮留めする

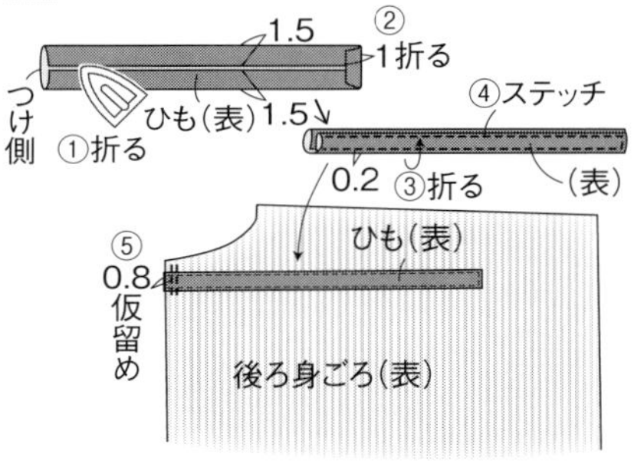

ひもを①～③の順に折って外表の四つ折りにし、ステッチをかける（④）。同様にひもを全部で６本作り、後ろ身ごろの後ろ端の各ひもつけ位置の縫い代に仮留めする（⑤）。

3 肩を縫う

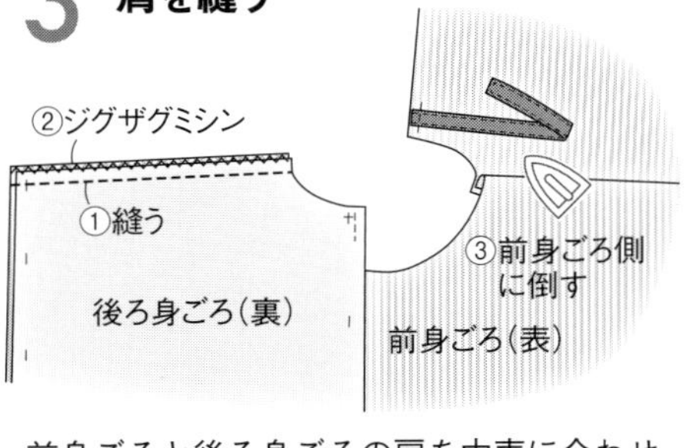

前身ごろと後ろ身ごろの肩を中表に合わせて縫い（①）、縫い代は２枚一緒にジグザグミシンをかける（②）。縫い代を前身ごろ側に倒してアイロンで整える（③）。

4 後ろ端～えりぐりを縫う

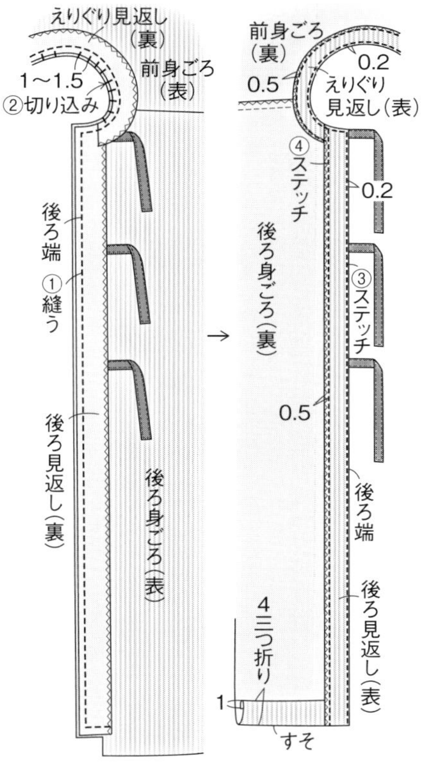

後ろ身ごろの後ろ端、えりぐりに各見返しを中表に合わせて、見返しのすそ～後ろ端～えりぐりを縫う（①）。えりぐり縫い代に切り込みを入れ（②）、各見返しを身ごろの裏面に返してアイロンで整える。すそ縫い代を三つ折りにして、後ろ端～えりぐり、見返し端にステッチをかける（③④）。

5 そでを作り（Aのみ）、そでをつける

Aのそで

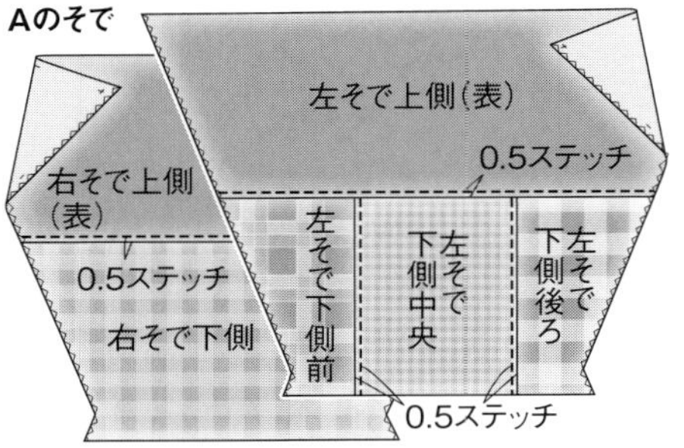

1 **A**は右そで、左そでとも各パーツを縫い合わせて1枚のそでにする。縫い合わせの縫い代は2枚一緒にジグザグミシンをかけて片側に倒し、表面からステッチをかける。そで下にジグザグミシンをかける。

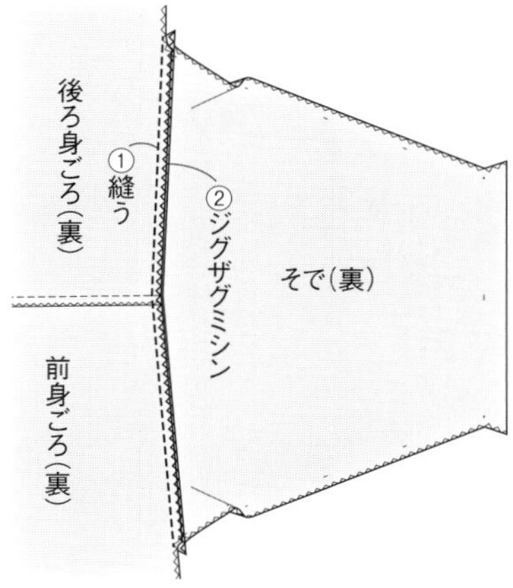

2 身ごろのそでぐりにそでを中表に合わせて縫う（①）。縫い代は2枚一緒にジグザグミシンをかけて（②）、そで側に倒してアイロンで整える。

6 そで下～わきを縫い、そで口を縫う

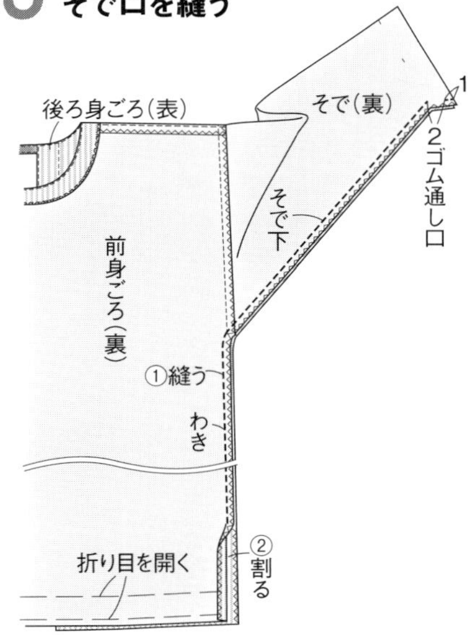

1 すその三つ折りを開き、そで下と前・後ろ身ごろのわきを中表に合わせ、そで口側にゴム通し口を残して、そで下～わきを縫う（①）。縫い代はアイロンで割る（②）。

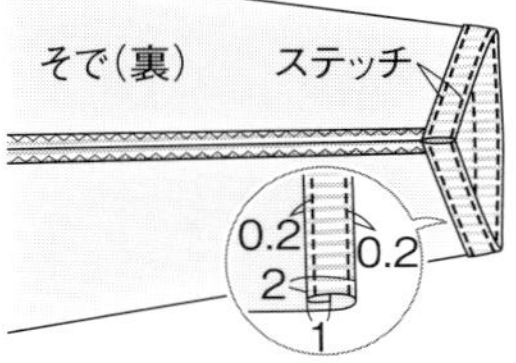

2 そで口縫い代を三つ折りにして、ステッチをかける。

p. 26

11

ナイロンバッグ

出来上がり寸法（持ち手を除く）

口幅	丈	まち幅
38	39	8

材料

ナイロン地…86×88㎝
（前・後ろ本体、ポケットa・b）
キルティングテープ…4㎝幅　74㎝
（持ち手）
バイアステープ（縁どりタイプ）
…0.8㎝幅　20㎝
ポリエステルミシン糸60番（布地の色めに対して目立つ色）

作り方のポイント

＊ナイロン地はアイロンをかけると溶ける場合があるので、折り目をつけるときは指先でしごくか、折り目つけローラーなどを使う。
＊ナイロン地は針穴が残るので、待ち針のかわりに手芸用クリップを使うと便利。文房具のダブルクリップなどでも代用できる。

1　各パーツを裁つ

各パーツは型紙を作らずに、寸法図を参照して直接布を裁つ。

寸法図

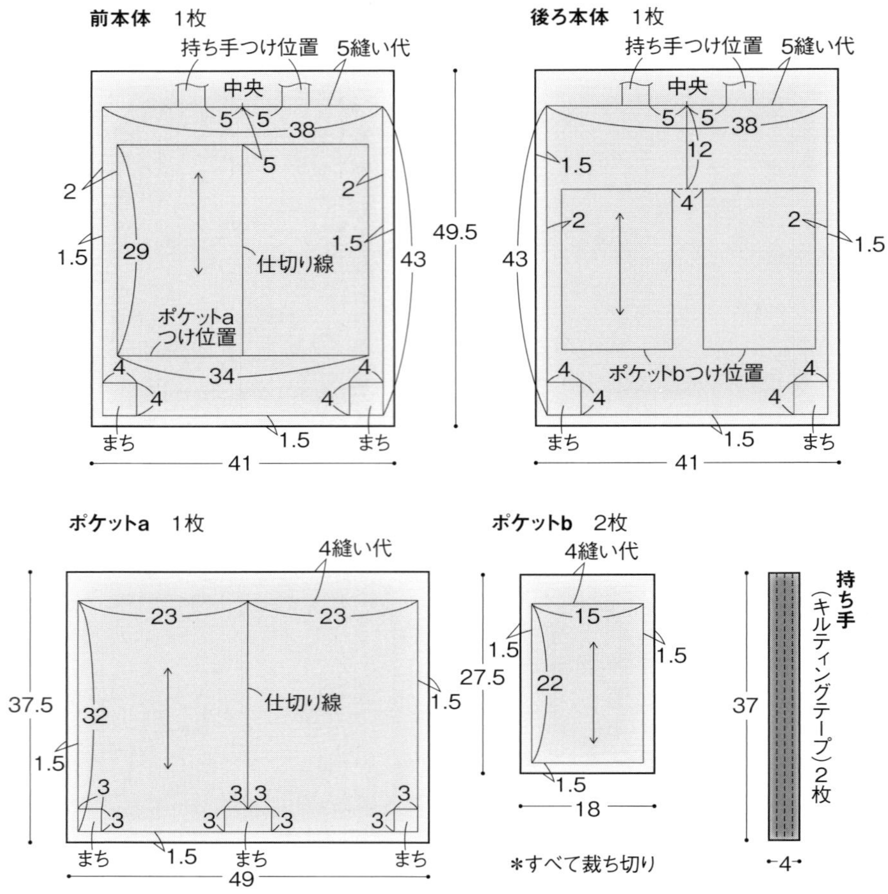

2　ポケットaを作り、つける

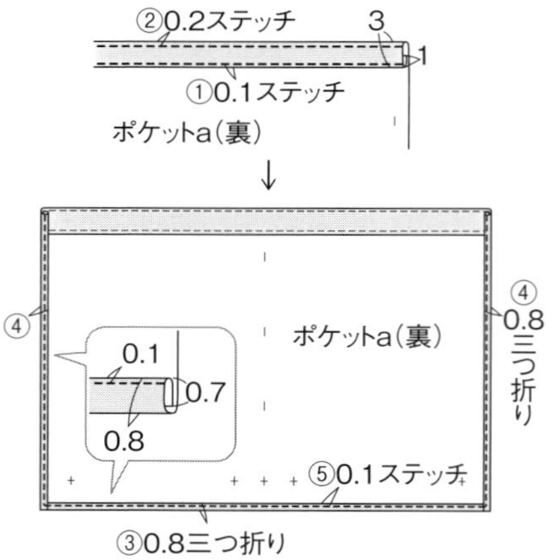

1 ポケット口の縫い代を三つ折りにしてステッチをかける（①②）。残り3辺の縫い代を三つ折りにし（③④）、ステッチをかける（⑤）。

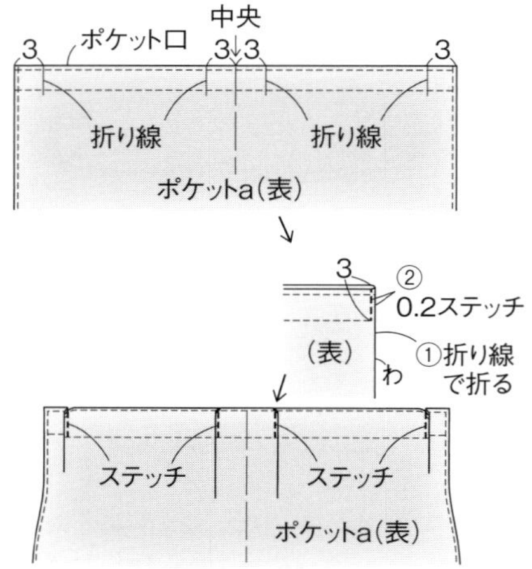

2 ポケット口を上図の折り線で外表に折り（①）、折り山にステッチをかける（②）。全部で4か所縫う。

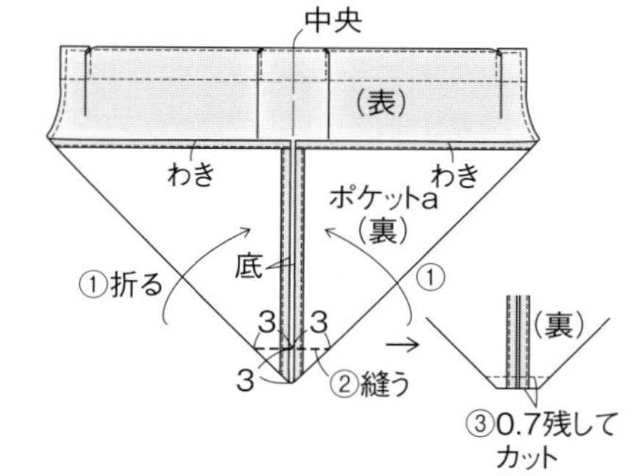

3 ポケットの中央に底を突き合わせて中表に折り（①）、中央のまちを縫う（②）。縫い代を0.7cm残してカットする（③）。

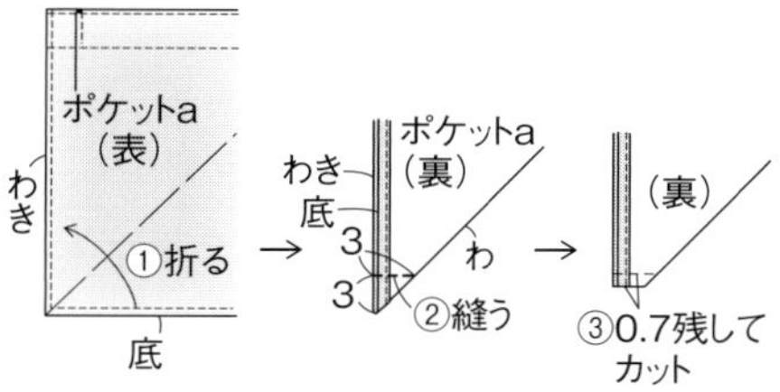

4 ポケットのわきと底を中表に合わせて折り（①）、角のまちを縫う（②）。縫い代を0.7cm残してカットする（③）。もう一方の角も同様にまちを縫う。

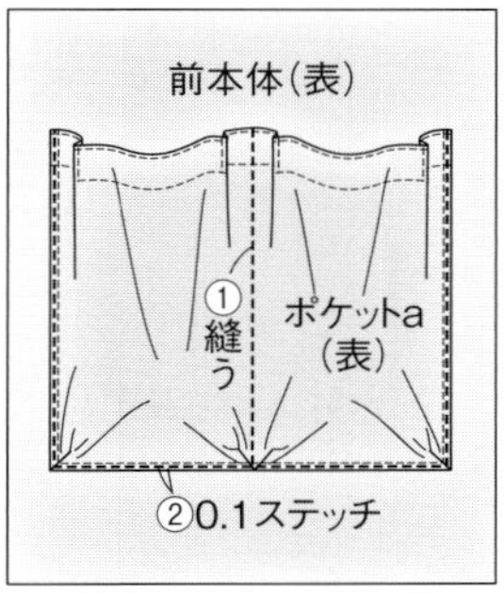

5 前本体のつけ位置にポケットaを重ね、中央の仕切り線を縫い留める（①）。ポケット口以外の3辺にステッチをかける（②）。

3 ポケットbを作り、つける

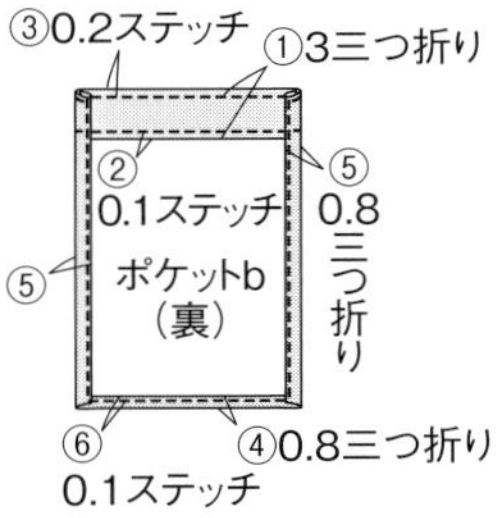

1 **2**-**1**と同様に、ポケット口の縫い代を三つ折りにしてステッチをかける（①〜③）。残り3辺の縫い代を三つ折りにし（④⑤）、ステッチをかける（⑥）。2枚作る。

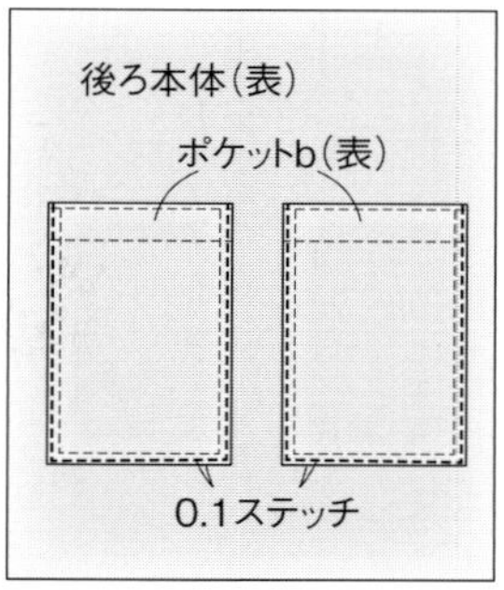

2 後ろ本体のつけ位置にポケットbをそれぞれ重ね、ポケット口以外の3辺にステッチをかける。

4 本体を縫う

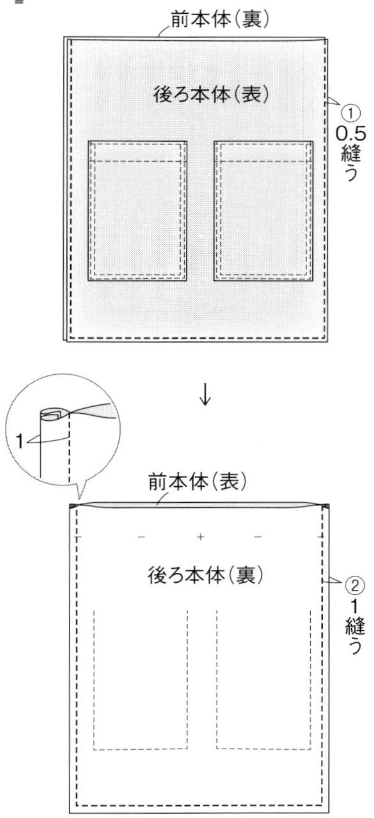

1 前本体と後ろ本体を外表に合わせ、わきと底を縫う（①）。本体を中表に返し、再度わきと底を縫う（②／袋縫い）。本体を表に返す。

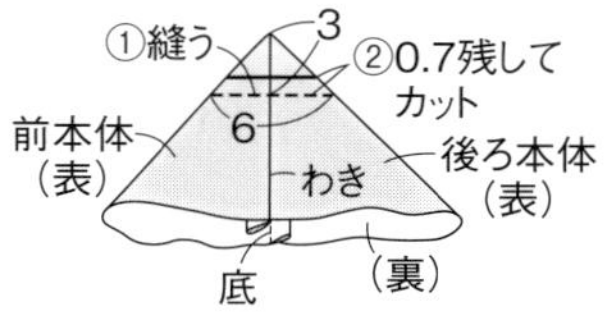

2 わき縫い代は前本体側に、底縫い代は後ろ本体側に倒し、まちを縫う。まず、わきと底の縫い目を合わせて外表に三角にたたみ、6cmを縫う（①）。縫い代を0.7cm残してカットする（②）。

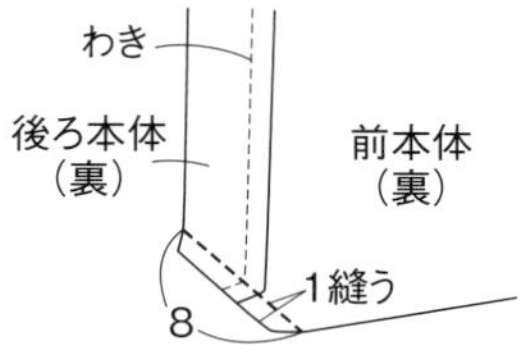

3 本体を裏に返して再度まちを縫う（袋縫い）。反対側も同様にまちを縫う。

5 持ち手をつける

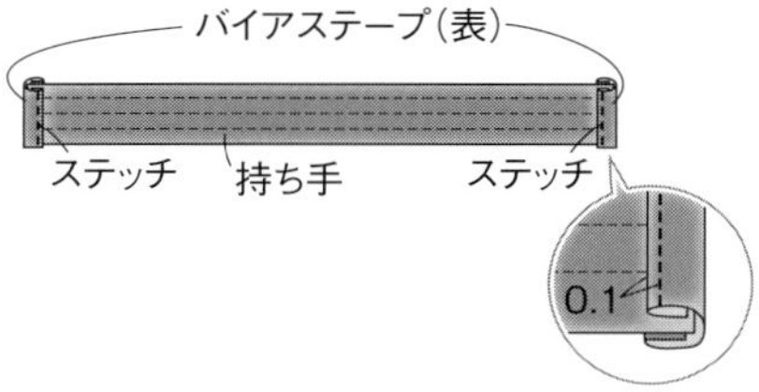

1 持ち手の両端をバイアステープではさんでステッチをかける。2本作る。

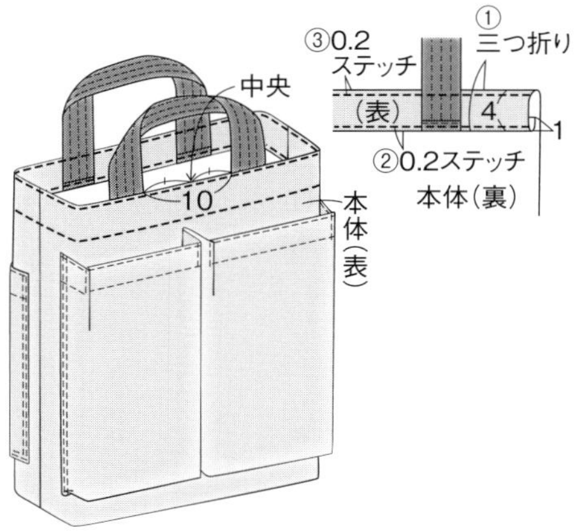

2 本体の入れ口の縫い代を裏面に三つ折りにする（①）。持ち手をつけ位置に重ねてぐるりとステッチをかける（②③）。出来上がり。

p. 27

12

2wayバッグ

出来上がり寸法(持ち手を除く)

口幅	丈	まち幅
32	32	12

材料

ナイロン地…105×70cm
(本体、まち、ポケット、持ち手、ショルダーひも)
バイアステープ(縁どりタイプ)
…0.8cm幅　200cm
ポリエステルミシン糸30番(ステッチ用)
ポリエステルミシン糸30番(布地の色めに近いもの)

作り方のポイント

＊本体・まち・ポケットの口のステッチはポリエステルミシン糸30番を使って目立たせる(作品では上糸に青、下糸に紺色の布地の色めに近い色の糸を使用)。それ以外の布の縫い合わせなどは上糸、下糸ともに布地の色めに近い色の糸を使用する。ミシン針は14番を使う。
＊ナイロン地の扱い方は74ページ「作り方のポイント」参照。

寸法図

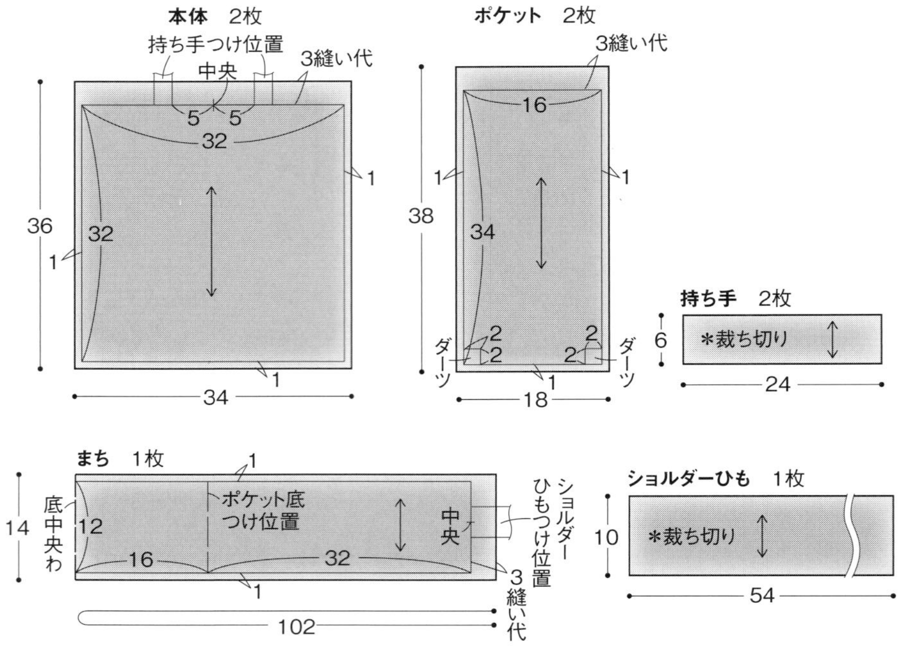

1 各パーツを裁つ

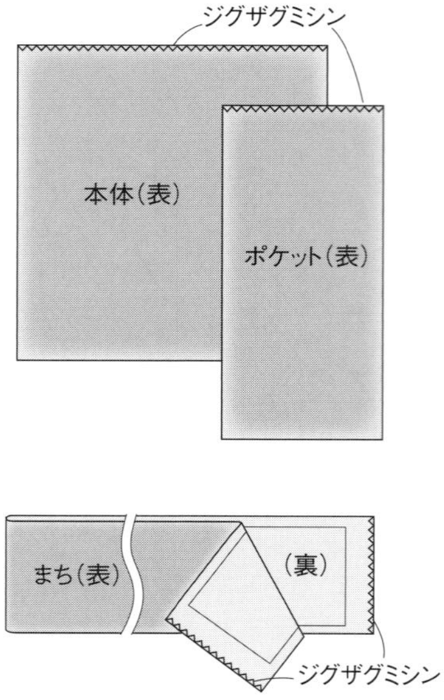

各パーツは型紙を作らずに、寸法図を参照して直接布を裁つ。本体の口側、まちの口側、ポケットの口側の縫い代にジグザグミシン(またはロックミシン)をかける。

2 ショルダーひも、持ち手を作る

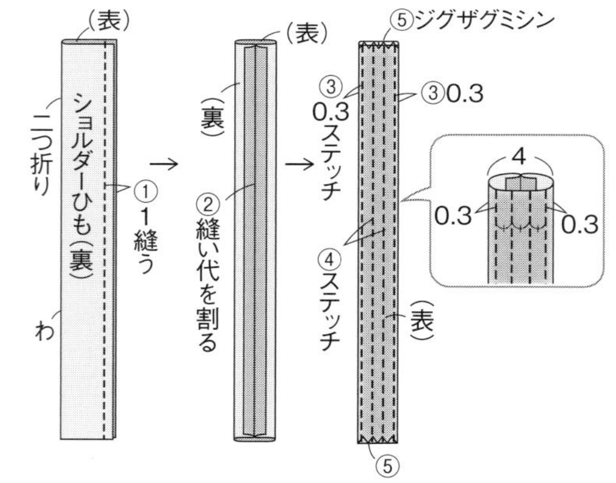

1 ショルダーひもを中表に二つ折りにして長辺を縫う(①)。縫い目を中央にして、縫い代を割る(②)。表に返して両端にステッチをかけ(③)、間にステッチを2本かける(④)。上下の布端にジグザグミシンをかける(⑤)。

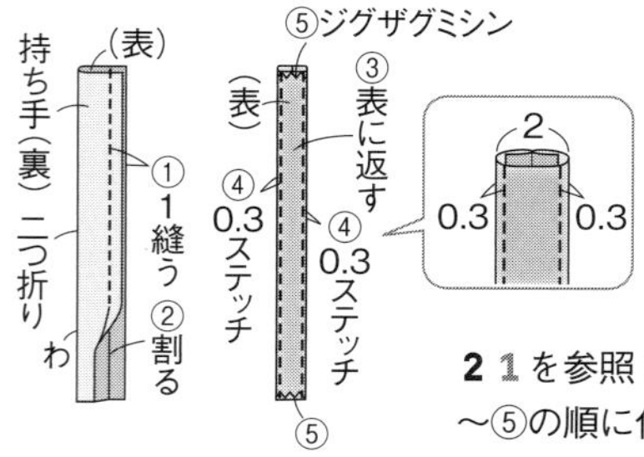

2 **1** を参照し、持ち手を①～⑤の順に作る。2本作る。

3 持ち手、ショルダーひもをつける

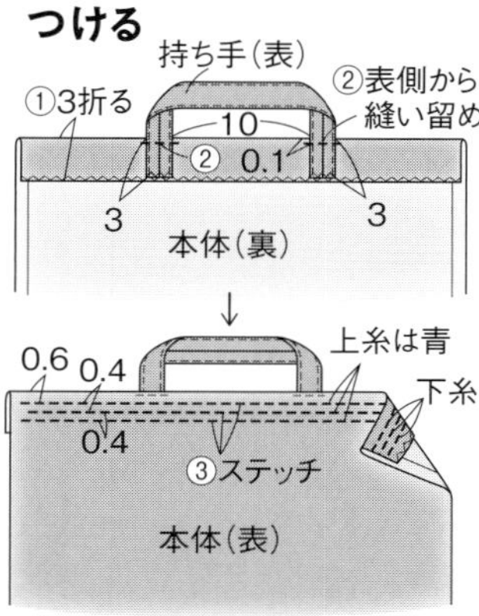

1 本体の口の縫い代を裏面に折り(①)、縫い代の上に持ち手の縫い目側を上にして重ね、表側から持ち手つけ位置を縫い留める(②)。ミシンの上糸をステッチ用にかえ、本体の表側から3本のステッチをかける(③)。2枚作る。

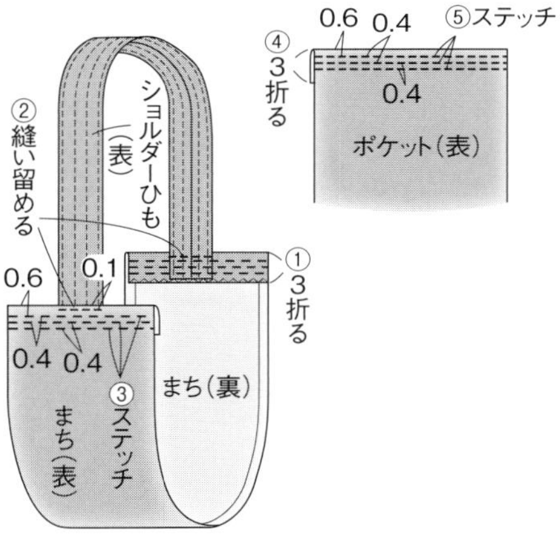

2 まちの口の縫い代を裏面に折る(①)。ショルダーひもを縫い目側を上にして重ね、1と同様に縫い留め(②)、ステッチを3本かける(③)。ポケットも同様にポケット口の縫い代を折り(④)、ステッチを3本かける(⑤)。

4 ポケットを作り、まちをまとめる

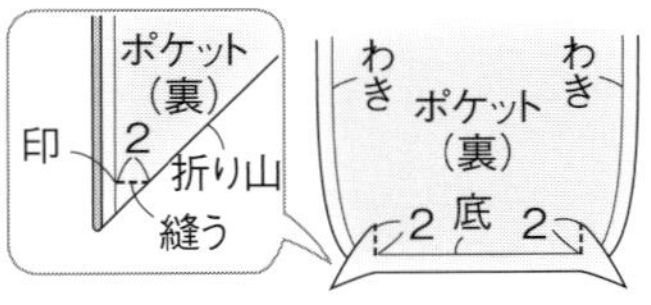

1 ポケットのダーツを中表に三角に折り、印〜折り山を縫う。

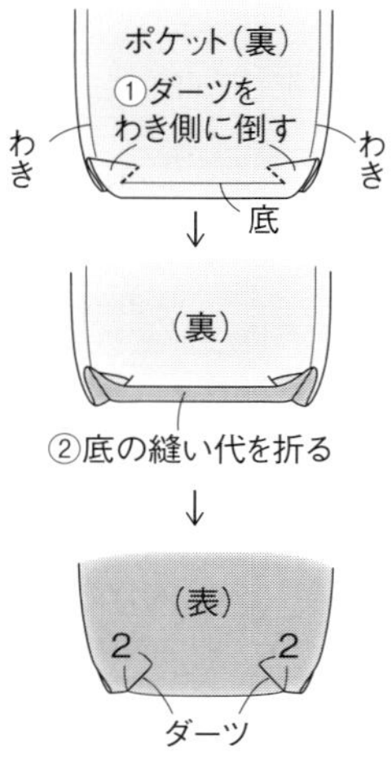

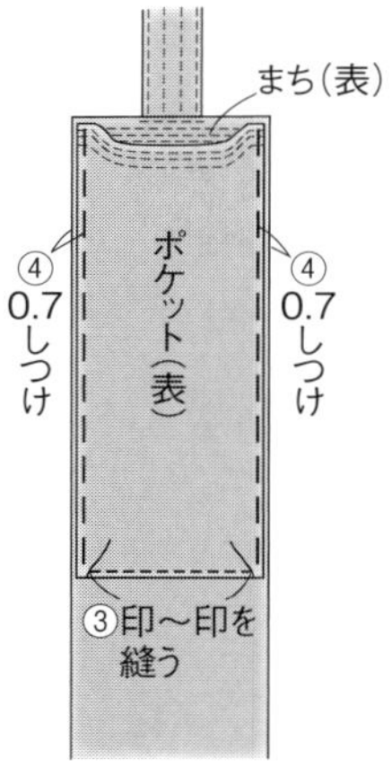

2 ダーツの縫い代をわき側に倒し(①)、ポケットの底の縫い代を出来上がりに折る(②)。まちのポケットつけ位置にポケットの底を重ね、印〜印を縫う(③)。ポケットとまちのわき縫い代をしつけで仮留めする(④)。まちの反対側も同様にポケットをつける。

5 本体とまちを縫い合わせる

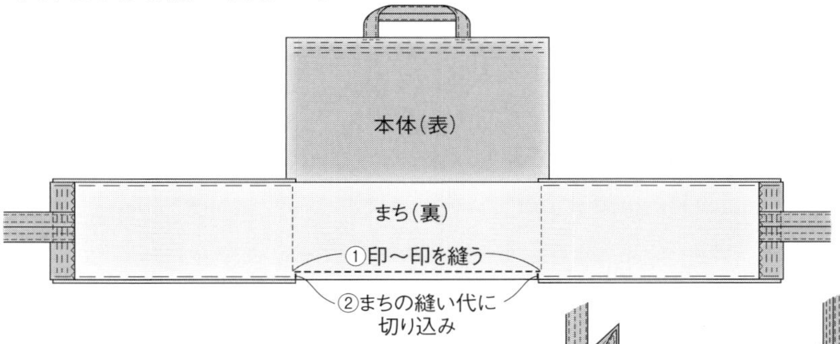

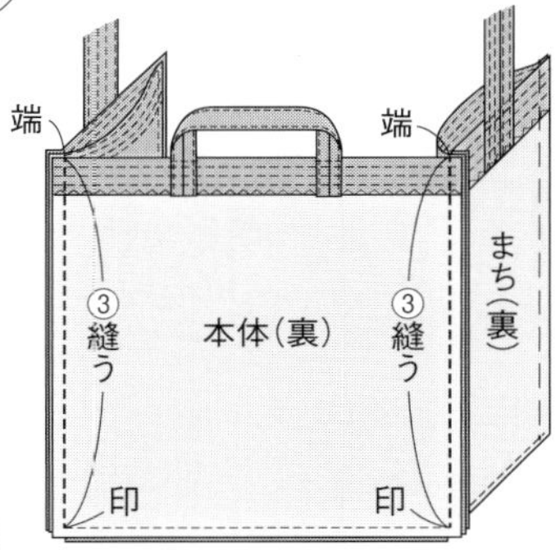

1 本体とまちの底を中表に合わせ、印〜印を縫う(①)。まちの縫い代にのみ切り込みを入れる(②)。まちを上に起こし、本体とまちのわきを中表に合わせ、口側の端〜印を縫う(③)。反対側も同様に本体とまちをつける。

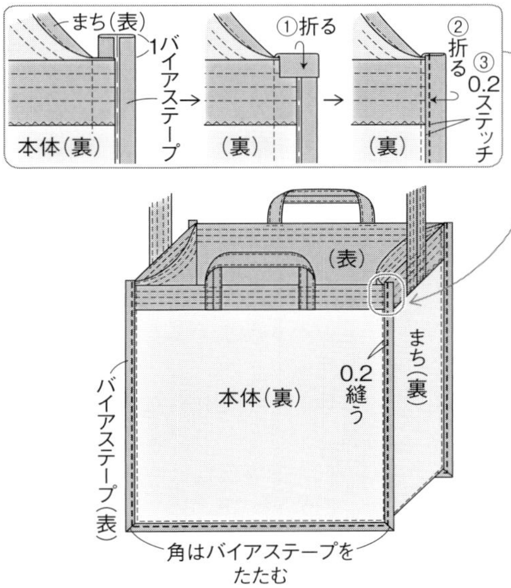

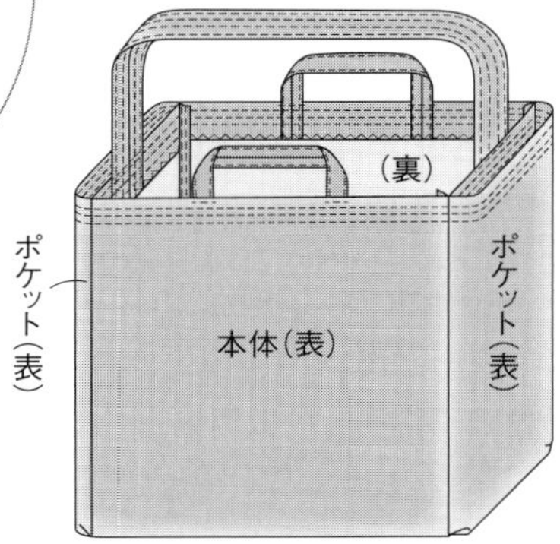

2 図①〜③の順にわきと底の縫い代をバイアステープではさんで縫う。角は額縁にたたみながら、3辺を続けて縫う。反対側も同様に縫う。表に返し、形を整える。出来上がり。

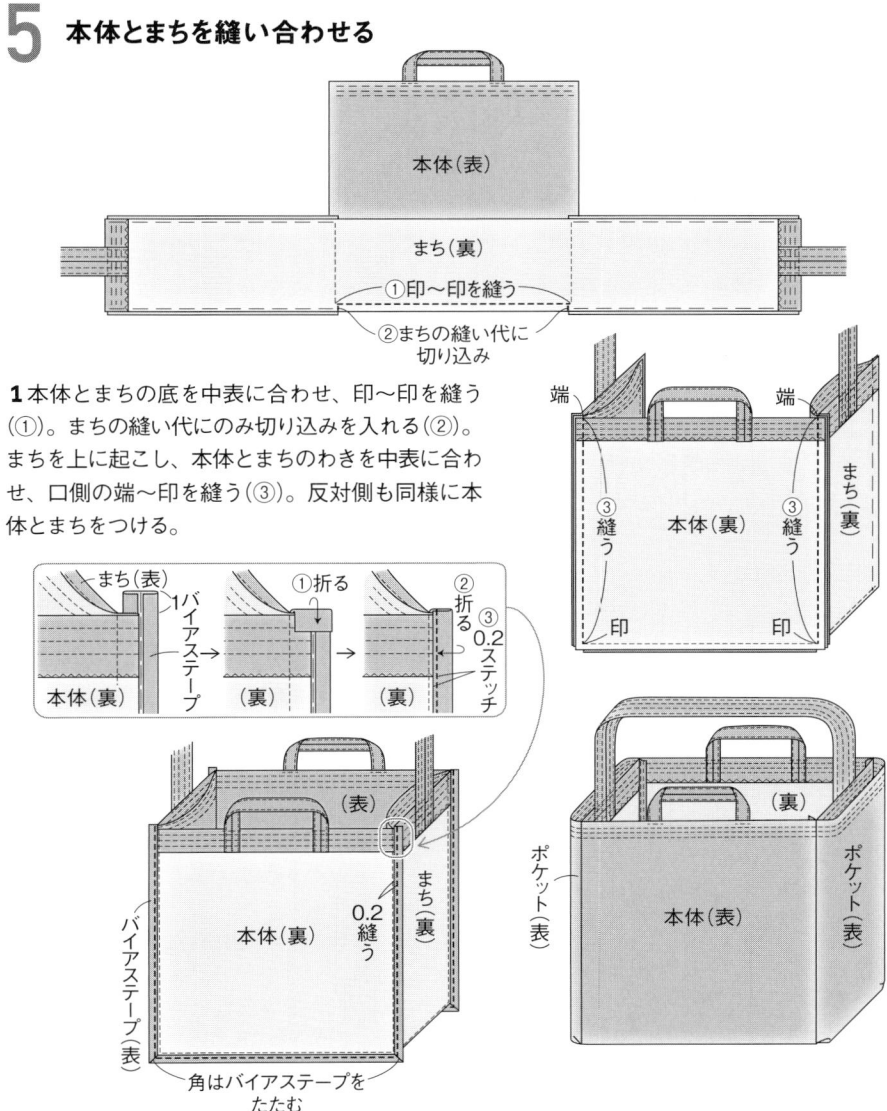

13

バケツバッグ

使用型紙
本体　底

出来上がり寸法（持ち手を除く）

口幅	丈	底直径
35	28	29.6

材料
木綿地
　柄布㋐…110×33㎝（本体表布）
　無地…32×32㎝（底表布）
　柄布㋑…110×65㎝（本体裏布、底裏布、
　　内ポケット）
中厚接着芯…100×60㎝
　（本体表布、底表布）
厚手テープ…4.3㎝幅　96㎝（持ち手）

寸法図

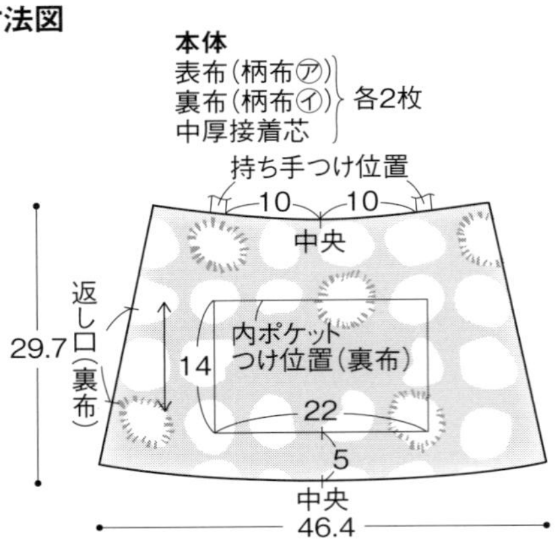

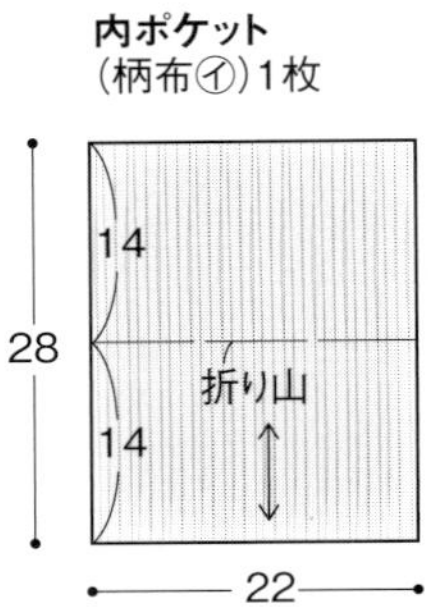

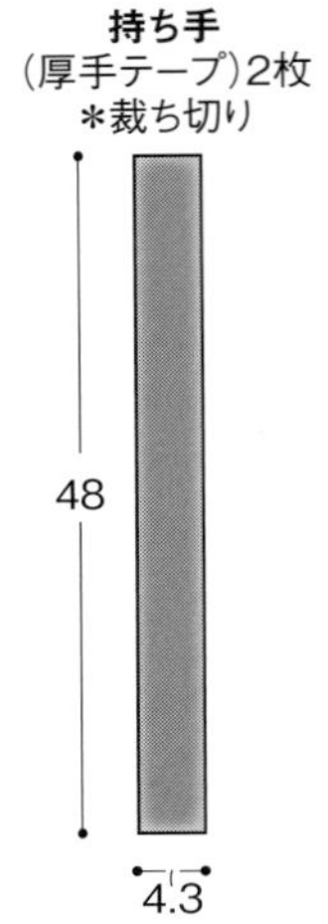

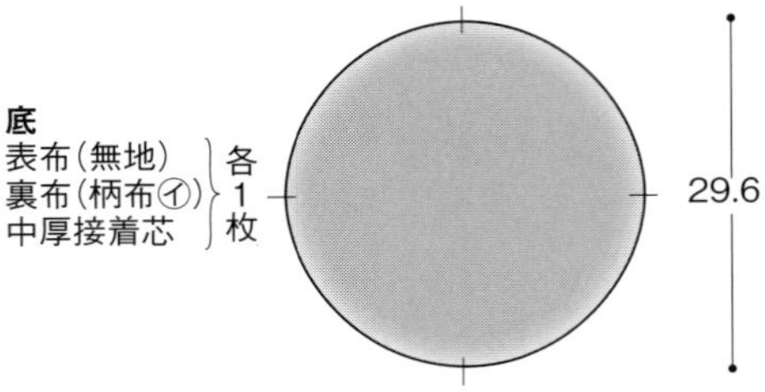

＊本体の口側は2㎝、持ち手、
　中厚接着芯は裁ち切り。
　そのほかは0.7㎝の
　縫い代をつけて裁つ

1 各パーツを裁ち、接着芯を貼る

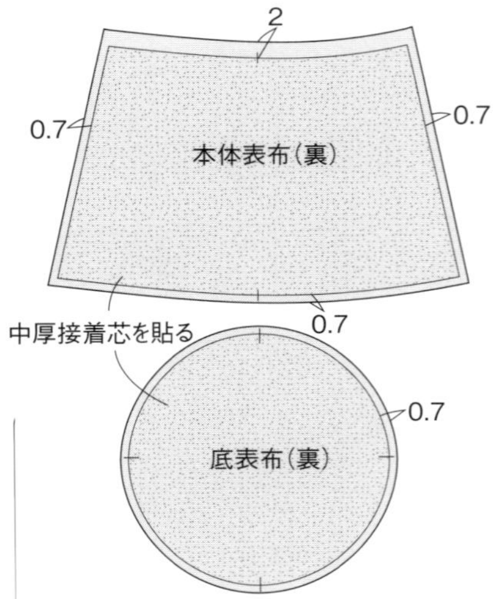

付録の実物大型紙と寸法図を参照し、指定の縫い代をつけて各パーツを裁つ。内ポケットは型紙を作らずに寸法図を参照して直接布を裁つ。本体表布、底表布の裏面に裁ち切りの中厚接着芯をアイロンで貼る。

2 内ポケットを作る

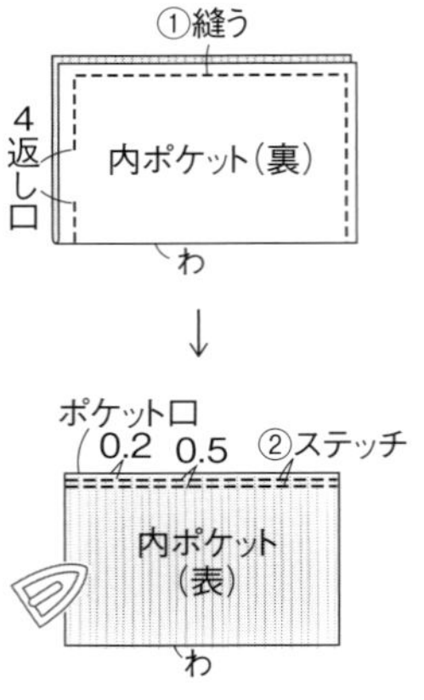

1 内ポケットを中表に二つ折りにし、返し口を残して縫う（①）。表に返して返し口の縫い代を内側に折り込んでアイロンで整え、ポケット口にステッチを2本かける（②）。

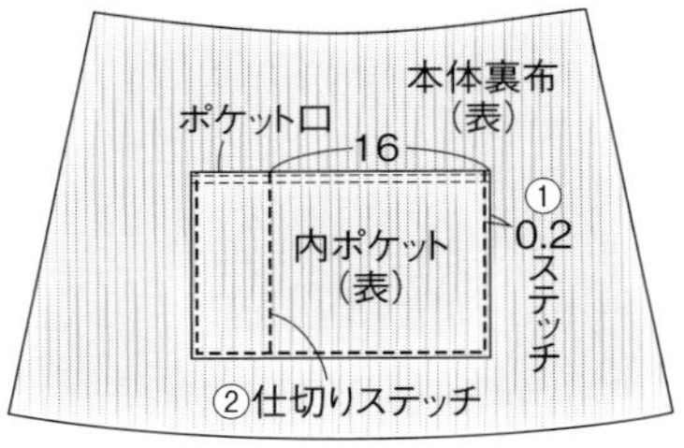

2 本体裏布1枚の内ポケットつけ位置に、内ポケットを重ねてポケット口以外の3辺にステッチをかける（①）。仕切りステッチをかける（②）。

3 裏袋を作る

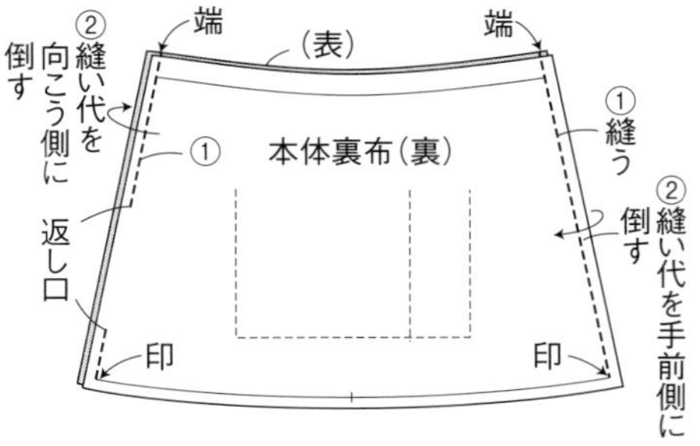

1 本体裏布2枚を中表に合わせ、返し口を残してわきの口側の端〜印を縫う（①）。縫い代はアイロンで前後に倒す（②）。